近代地方官方经济管理开端研究：

以劝业道和劝业员为中心的研讨

敖天颖 著

JINDAI DIFANG GUANFANGJINGJI
GUANLI KAIDUAN YANJIU:
YI QUANYEDAO HE QUANYEYUAN WEI ZHONGXIN DE YANTAO

电子科技大学出版社
University of Electronic Science and Technology of China Press
·成都·

图书在版编目(CIP)数据

近代地方官方经济管理开端研究：以劝业道和劝业员为中心的研讨 / 敖天颖著. -- 成都：电子科技大学出版社，2017.10
ISBN 978-7-5647-5289-7

Ⅰ. ①近… Ⅱ. ①敖… Ⅲ. ①经济管理－研究－中国－近代 Ⅳ. ①F129.5

中国版本图书馆CIP数据核字(2017)第276708号

近代地方官方经济管理开端研究

敖天颖　著

策划编辑　万晓桐
责任编辑　万晓桐

出版发行　电子科技大学出版社
　　　　　成都市一环路东一段159号电子信息产业大厦　邮编　610051
主　　页　www.uestcp.com.cn
服务电话　028-83203399
邮购电话　028-83201495

印　　刷　成都火炬印务有限公司
成品尺寸　140mm×203mm
印　　张　5.875
字　　数　170千字
版　　次　2017年10月第一版
印　　次　2017年10月第一次印刷
书　　号　ISBN 978-7-5647-5289-7
定　　价　24.00元

序

清季因推行新政、振兴实业，清廷在各直省省城设立了劝业道这一官职，下设劝业公所，专管各省实业；又在县乡地方一级设立了劝业员一职，下设劝业分所（没有分科，基本仅有劝业员一人），以指导、倡办、统计当地各项实业活动。二者与农工商部一起，构成了国家对从中央到县乡的实业活动进行指导与管理的系列机构。这在中国历史上是空前的，并被以后的政府所沿袭。劝业道作为一个官职，其任命设立的过程从光绪三十三年（1907年）七月持续到宣统二年（1910年）十二月；直到清朝灭亡，除黑龙江和新疆两省外，其余各省都设立了劝业道专官。劝业道台均从科举出身，但考中一定功名后多走捐纳之途上升至“道”这一级别，对各项实业也有一定程度的熟悉；其下劝业公所的人员大部分也是科举加捐纳出身，同时还有一部分是新式学堂的毕业生。学堂毕业生进入政府机构，这在中国历史上几乎是空前的，并被民国政府所沿袭。至于劝业员，基本由当地缙绅担任，虽有任用新式学堂毕业生的趋势，但直至清亡也未能实现。劝业道的收入（指官员的正规收入）比较优厚，也吸引了不少新式学堂的毕业生到劝业公所效劳，至于劝业员的薪水则较少。劝业道及劝业公所的事务涉及农、工、商、矿、交通等实业各个方面——主要有举办社会救济事业、兴办改良实业的场所、举办实业教育、创办实业报纸、举办商品展销活动、管理官办事务、管辖商办企业、裁定商业纠纷等等。而劝业员的事务也包括农、工、商、矿各个部分——倡办地方上的各项实业学堂、改良场所、实业事业，为各种赛会、劝业会征集、生产货品以及调查各项实业等。

农工商部、劝业道（劝业公所）、劝业员（劝业分所）的设立和日常工作也开创了政府管理实业活动的新格局，使政府对各项实业的管理逐步趋于专业和划一，办事效率也得到一定提高，从而为推动清末实业的发展做出了一定的努力和贡献。

前　　言

一、研究源起

商人与军人群体的崛起与兴盛，是中国近代社会变因的两大表征，前者缘起于洋务运动，后者则澎湃于太平天国运动及其镇压和后来的辛亥革命。当然，社会的商业活动不会仅仅因政府机构的增减而存在/不存在，但是一定会随机构、政策的变化而发生变化。清末实施新政，在官制改革层面首先是在中央设立了商部，后来又在直省地方设立劝业道、在县级地方设立劝业员。这一系列建制显然强化了对商人、商业的管理，亦是政府对商人价值的承认及重视，折射出的恰是商人群体整体性的抬升。在日益远离革命的时代背景下，不流血、少动荡的改革、改良被视为促进社会进步的较优方式。改革开放前历来评价不高、甚至批判性虚伪性评价为主流的清末新政，也日益成为学界关注和研究的重点。尤其是随着市场经济的深化，近代中国社会的经济变迁渐受重视，并逐渐成为与政治史研究并驾齐驱、交叉日深的重要探索领域。清末新政中的经济发展问题，无疑踏中了以上两方面的时代需求及相关问题意识。

而在清末新政经济研究领域中，既往研究相对比较偏重于民间力量，较为强调绅商（或民族资产阶级）的作用，尤其是对商会的研究，更是成果颇丰。[1]在商会整体研究取得丰硕成果后，各地区商会的资料挖掘及相关研究也大为进展。相对于民间的商业活动及对经济做出的贡献，官方的功能也不可小觑。从某种程度上讲，实施着管理的官方，掌握政策制定及施行，其导向、尺度都会直接影响商业走向，其作用也十分重要。清末新政中，中央官制改革直观体现在新设商部、巡警部、邮传部方面；外官制改革则主要直接体现在设立了专管警务的巡警道以及专管实业的劝业道方面，均十分引人注目。中央力图借此恢复甚至强化对地方的管理，具有十分重要的意义。

首先，劝业道是在直省一级设立的、专门的实业（清季的“实业”概念相当广，并不仅仅是各种具体企业，而是大致相当于今天的“经济”一词）管理官员，受中央商部和地方督抚的双重监管，对当时的实业管理、联系中央和地方的商情以及推动实业的发展都起到了不小的作用。其次，在劝业道设立之后，各地还在县一级设立了受劝业道和当地县令双重监管的劝业员（东三省等少数地方是“查矿委员”），他们在县乡地方直接进行着实业调查等等具体工作，为基层实业活动的开展、留存众多实业资料起到了重要的作用。再次，劝业道的衙门——劝业公所，作为新成立的机构，是新政“新”的标志，其新并不仅仅在于它的称谓，而是在于其分科办事的新式管理结构；更在于它的人员组成——开始用到新式学堂的毕业生了。

二、研究动态

进入新世纪以来，以经济史为代表的社会史研究方兴未艾，学界对商部—劝业道—劝业员这一管理实业的系列机构的

---

① 冯筱才. 中国商会史研究之回顾与反思[J]. 历史研究，2001（5）：148-167.

关注也越来越多。

在2004年笔者初涉此研究领域时，当时主要研究情况较为薄弱。对商部的研究未有像《晚清学部研究》[1]那样的专著；对商务局和农工商局，也仅有以朱英先生《论晚清的商务局、农工商局》[2]为代表的几篇专文；而对于劝业道的研究就更为缺乏。对于商部研究，虽无专著、专文问世，但大凡论及晚清经济、商务，尤其是晚清经济政策者，多有提及。[3]对于劝业道全国性的研究，在各种近代官制词典中都有简介（不超过百字）；在刘子扬先生的《清代地方官制考》中，有稍详细一些的介绍（主要是对章程的阐述），此外在研究中未见专著、专文，连论及的都很少。分别讨论各省情况的也不多见，当时所见有康复先生的《清末甘肃劝业道述评》[4]（主要介绍了甘肃劝业道的组成及下属厂局的成绩）、王雪梅的《清末四川的劝业活动》[5]（主要集中于劝业道组织赛会的情况）。此外张玉法先生在《中国现代化的区域研究·山东省（1860—1916）》[6]一书中和王笛先生在《跨出封闭的世界——长江上游区域社会研究（1644—1911）》[7]一书中对当地劝业道都有所阐述。虽然在中国期刊网上查找，在1994—2003年论文中提到有“劝业道”三字的共有179篇，但其中绝大多数只是提到清末设有此官，或者是在论述其他问题时引用的资料中涉及劝业道，没有略为详尽的研究与论述。整

① 关晓红.晚清学部研究[M].广州：广东教育出版社，2000.
② 朱英.论晚清的商务局、农工商局[J].历史研究，2001（5）：73-91.
③ 朱英.晚清经济政策与改革措施[M].武汉：华中师大出版社，1996.
④ 康复.清末甘肃劝业道述评[J].兰州学刊，1985（3）：87-92.
⑤ 王雪梅.清末四川的劝业活动[J].四川师范大学学报(社会科学版),1996(1):119-125.
⑥ 张玉法.中国现代化的区域研究·山东省（1860-1916）[M].台北：中央研究院近代史研究所，1987.
⑦ 王笛.跨出封闭的世界——长江上游区域社会研究（1644-1911）[M].北京：中华书局，2001.

体而言，前人的研究主要基于对劝业道章程的梳理和分析，而对劝业道的实际运作和相关劝业活动缺乏具体爬梳和深入研究。

首先，就全国方面而言，朱英《晚清经济政策与改革措施》一书最后有一《晚清经济政策与改革措施记事年表》，其中有关劝业道的条目仅有几条，内容相当简单。此外还有刘子扬先生的《清代地方官制考》[①]一书，有稍详细一些的介绍，其主要内容是对劝业道章程的叙述和阐释。此外略有提及的书还有一些，如中国台湾王家俭先生的《晚清地方行政现代化的探讨（1838—1911）》，书中说到"东三省设劝业司、外省设劝业道"[②]，主要内容是将上谕内容分点并画图说明，但对劝业道未做分析。还有陈锦江先生的《清末现代企业与官商关系》，在第225页写道："（1907年），一个具有'劝业道'头衔的正式官员统帅农工商局，作为应上谕特别要求而设立的新职位，该道台对农工商部和邮传部两部负责。作为正式的和高级的地方官员，可能他不再完全由地方当局选拔。"[③]此外，在一些论文中也对劝业道有所提及，如张东刚在《论晚清工商管理机构的改革和管理方式的近代化》一文中写道："商务局和劝业道是与中央商部（农工商部）相配套的地方振兴实业的领导机关。商务局成立于1903年10月，具体负责本省振兴工商实业事务。初受各省督抚管辖，后改受中央商部和地方督抚双重管理。劝业道始置1908年5月，当时商部已改为农工商部，根据该部为其拟订的章程规定，'劝业道秩正四品，为督抚之属官，

① 刘子扬编著. 清代地方官制考[M]. 北京：紫禁城出版社，1988.

② 王家俭. 晚清地方行政现代化的探讨（1838—1911）[A]. 中华文化复兴运动推行委员会主编. 中国近代现代史论集（第16编 清季立宪与改制）[C]. 台北：台湾商务印书馆，1986.

③（美）陈锦江. 清末现代企业与官商关系[M]. 北京：中国社会科学出版社，2010：225.

归其节制考核。’但其负责人由中央直接任命，其职掌是振兴工商实业，专管全省农工商业及各项交通事务，并将‘详细调查呈明农工商部，’亦有‘督饬地方官切实奉行及考察勤惰之权’。”[①]再如陈安丽在《清末新政时期的实业政策与措施》中也对劝业道有百余字的介绍。[②]此二则算是着墨比较多的。诸如此类的还有张徐乐的《清末新政对中国近代工业发展的影响》[③]等。这些论文都是仅提到清末政府设立了此管理各省实业的官职，最多再根据章程做一简单介绍，而比较深入的研究则都没有。此外即是在各种近代官制词典（包括《辞海》）中均有劝业道的条目，但均为简介，所见未超过百字，主要就是说在清末设立了这样的一个机构，并且主要管理实业。

其次，是对各省劝业道情况的介绍。

对某地情形介绍得最为详细的当属康复先生的《清末甘肃劝业道述评》，对甘肃劝业道做了一个比较详细的介绍，对劝业道所辖的各种劝业机构（劝工厂等）介绍得尤为细致，对劝业道本身的人员构成、机构组成等有一定的介绍和叙述。但仅限于甘肃一地，而且其文章资料来源仅限于甘肃当地档案及时任甘肃劝业道的彭英甲所编的《陇右纪实录》，各项论述显得单一而不够完善。此外还有王雪梅的《清末四川的劝业活动》，其着眼点在清末四川官商的各项劝业活动，其中涉及四川劝业道的很是不少，主要着重在其各项事务，对于劝业道的机构也没做什么介绍，其事务、活动的介绍也不够完整、细致。在书籍

① 张东刚. 论晚清工商管理机构的改革和管理方式的近代化[J]. 烟台大学学报（哲学社会科学版），1996（3）70-75.

② 陈安丽. 清末新政时期的实业政策与措施[J]. 内蒙古师大学报（哲学社会科学版），1999（5）：96-102.

③ 张徐乐. 清末新政对中国近代工业发展的影响[J]. 南都学坛，1999（5）：13-15.

方面，主要有张玉法先生的《中国现代化的区域研究·山东省（1860—1916）》和王笛先生的《跨出封闭的世界——长江流域社会研究·1644—1911》，两书都对当地劝业道有所讲述。对于山东的情况，张先生在讲到推动工业发展的机关时写道："在地方政府的机关方面，劝业道是总管全省各项实业发展的。"在第四章"经济的现代化"之首亦辟专节——"倡导人物与推动机关"——来讲劝业道，并在第四节"工业化的推进"之首亦专列一题，专讲"推动工业发展的机关及活动"，在这些地方都比较集中地介绍了山东劝业道及其活动；当然，也是以活动为主，对其人员、机构等未做深入介绍，不过也可算做比较详细的一篇专文了。

至于四川的情况，王笛先生主要利用的《四川官报》上的资料，对四川劝业道的活动做了一些介绍，与王雪梅之文章有不少重合及对应之处。此外在其他论文中对当地劝业道也有所提及，如王先明、史春风在《绅士在收回利权运动中的作用》一文中说道："山东劝业道等与德商华德采矿公司签订赎回山东五矿合同；宣统三年六月二十九日（1911.7.24），山东劝业道等与华德公司签订划清山东各路矿合同。"[①]再如虞和平先生在《张謇与民国初年的经济体制改革》一文中写道："自清末以来，在一些矿产丰富，采矿业比较发达的省份，都设有矿政局，受劝业道和省政府的双重领导。"[②]对各省劝业道的研究大致上即仅限于此了。

实际上，诚如现在众多研究者所注意到的一样，相对于民

① 王先明，史春风. 绅士在收回利权运动中的作用[J]. 山西大学学报（哲学社会科学版），1994（4）：20-27.

② 虞和平. 张謇与民国初年的经济体制改革[J]. 社会科学家，2001（2）：10-18.

间对经济发展做出的贡献，官方的作用也不可小视，从某种程度上讲，甚至更重要。其实，在各种“近代官制词典”中都可看见对劝业道的简介，而且在很多关于清末政治和经济的研究中都会看到“劝业道”三字，虽然所见均未超过百字，但仍可见劝业道在当时官制及经济发展中是占有一席之地的，亦可见对其之研究的确是非常薄弱的。

当前，该领域研究在关晓红、王鸿志、王奎等学者的引领下，取得了诸多重大突破。在中央层级，王奎的专著《清末商部研究》[①]是对清朝末年商部进行全面系统研究的一部力作。在地方省级层面，关晓红先生的专著《从幕府到职官：清季外官制的转型与困扰》（第七章第七节专文探讨“劝业道的利弊得失”）[②]及其系列相关论文[③]对包括设置劝业道在内的地方官制改革从政治转型的视角进行了系统阐述。王鸿志的博士论文《兴利与牧民：清季劝业道的建制与运作》[④]及其一系列相关论文[⑤]，则直接以“劝业道”为研究主体，主要从政治史的视角管窥清民之际的政府机构建制变化。在更基层的府厅州县层面，

① 王奎.清末商部研究[M].北京：人民出版社，2008.

② 关晓红.从幕府到职官：清季外官制的转型与困扰[M].北京：生活·读书·新知三联书店，2014：351-359.

③ 关晓红.从幕府到职官：清季外官制改革中的幕职分科治事[J].历史研究，2006（5）：88-103、191；关晓红.种瓜得豆：清季外官改制的舆论及方案选择[J].近代史研究，2007（6）：21-40、160；关晓红.晚清局所与清末政体变革[J].近代史研究，2011（5）：4-22、160；关晓红.清季外官改制的试办与成效[J].史学月刊，2011（11）：48-62.

④ 王鸿志.兴利与牧民：清季劝业道的建制与运作[D].广州：中山大学，2009.

⑤ 王鸿志.由“司”至“道”：清季劝业道之议设[J].学术研究，2010（11）：117-126；王鸿志.变差为缺与裁旧立新：清季直省实业、交通行政制度嬗递考察——以添置劝业道为中心[J].学术研究，2013（9）：116-125；王鸿志.逃亡与职守：民国改元劝业道的际遇及抉择[A].暨南大学历史系、暨南大学近代中国研究中心编.“共创历史：精英人物与近代中国”学术研讨会论文集（上册）[C].北京：中国社会科学出版社，2013：521-534.

关晓红的《清季府厅州县改制》延续其政治转型的视角，以“佐治官”（包含劝业员在内）为关注对象，并将其看作“清季官治与自治并举，一定程度上使府厅州县的绅权得到扩张，民权初步启蒙”[①]的重要举措。

通过对以往研究的一些考查，作者发现该领域尚有一些可以提升的空间。

首先是劝业道和劝业工所的区别和联系问题，这在以往的研究中一直没有得到明确。实际上劝业道既指官职——四品官，管理着该省农工商业及各项交通事务；又在世人口中及报刊报道中作为某劝业道道员个人的简称，如在奉天欢迎德俄两国领事的公宴上，陪宴者位次为“陶交涉司、张提学司、黄劝业道”，而严格说来，应称之为“黄劝业道道台”。看来，以官职作为官员的简称早已被广泛使用了。其办公机构，即劝业道及其下属办公的衙门叫劝业公所。当时的报刊上在登载劝业道的消息时一般都以“劝业道×（该官员之姓）观察××（该官员之字号）”为开始的；而在“劝业道批示”中则常提到“仰×××（指商人等）速来辕领取”，这个“辕”就是指劝业公所。其实“公所”二字也是在新政后才普遍使用的，并且正是新政“新”的标志，官制改革时准备将所有衙门都改为公所，主要是裁撤书吏、分科治事，以之为新政。新成立的巡警、劝业二道作为改革的标志，自然是首先设立巡警、劝业二公所为办公机构。后来连民政、法政、藩司等厅局也要改为公所，甚至连督抚衙门都要改为督办公所。劝业道既是官职，又时常用于官员的称呼，而劝业公所是该官员及其下属办公的衙门，二者联系紧密却又区别明显。

---

① 关晓红. 清季府厅州县改制[J]. 学术研究，2011（9）：92.

其次是劝业道的成立问题。劝业道的设立（准确地说应该是劝业道的设立和劝业公所的成立，二者从时间上来说是先有劝业道的委任和到任，再有劝业公所的成立，应该时间间隔是比较短的）前人虽有一定研究，但其设立的具体时间未有专文论及。已有的研究对其设立情况往往一笔带过，难免使人误以为劝业道曾在各省同时设立。实际上，清廷谕令各省设立劝业道始自光绪三十三年（1908年）五月二十七日上谕："增设巡警道、劝业道缺，裁撤分守、分巡各道。著由东三省先行开办，如实有与各省情形不同者，准由该督酌量变通，奏明请旨。此外直隶、江苏两省，风气渐开，亦应择地先为试办，俟著有成效，逐渐推广。其余各省，均由该督抚体察情形分年分地请旨办理，统限十五年一律通行。"遵循上谕，最先是在光绪三十三年（1908年）七月十二在奉天设立了劝业道，由度支司司使候选道黄开文担任道台；其后各省也并非齐头并进；而直到清亡，黑龙江和新疆两省也未设立该官职。

还有劝业道的职能问题。以往的研究主要仅仅根据《劝业道职掌章程》分析这个问题，没什么实际而具体的阐述。分省研究的情况好些，但还不能充分展示劝业道及劝业公所当时的情况，从而对劝业道的认识也就不够清楚和完善。由于劝业道掌管全省所有实业事务，职能相当复杂，人员的聘用也不少，值得详加考究之处颇多。

最后，对在各县乡设立的劝业员一职，以往极少有研究论及。而实际上，据档案资料显示，其工作和贡献都是非常重要的。他们在县乡一级的工作，与中央农工商部、劝业道一起构成了晚清管理实业的系列机构，这些在本人的研究中将通过比较丰富的材料阐述明白，以使学界对劝业员有所了解。

综上看来，既往研究主要集中在政治史的视角，本书则试图主要从社会史视角进行探索，并更加注重个体分析。此外，尚有一些具体研究需要深化。具体而言，主要集中在以下几个方面。

其一，对劝业道的人选和劝业公所的人员组成及经费情形几乎没有提及，使我们对相关人员的来源、构成，以及经费来源、使用情况等具体状况并不清楚，也不够深入和完整，而这些问题对于分析劝业道的职能和作用是十分重要的。

其二，研究现状还对一些史实缺乏考析，如关于各省劝业道的具体设立时间、劝业道与劝业公所的关系等，这些对于帮助我们全面了解劝业道都有非常重要的作用。

其三，既往研究对在县乡一级设立的劝业员也少有提及，而实际上他们在社会的基层，从事着倡导建立实业场所、调查实业资料的直接工作。对劝业员的工作了解得更完善，才能更深刻明白新政在县乡一级的进展，那么对新政的深度和广度也才能有一个更新、更深刻的认识。

总之，以往对清季劝业道（包括劝业员）的研究从整体而言是比较单薄的。以前在清末经济变化方面的研究，注意力基本上都集中于对民间力量（尤其是商会，其研究成果已非常丰富）的关注，而对同样能够对经济起作用的官方力量，关注却远远不够。这样对清末的经济和政治研究来说，是不够完善和全面的。研究劝业道及劝业员，正是这样的一个突破口。通过对其的研究和分析，可以看到清末官方对于实业、经济发展的一些态度及行动，以及政府对当时经济所产生的影响，还有最终的结果。可以说，清末农工商部、劝业道（劝业公所）、劝业员（劝业分所）的设立和日常行政开创了政府管理实业活动的新格局，使政府对各项实业的管理逐步趋于专业和划一，办事效率也得到一定提高，从而为推动清末实业的发展做出了一定的努力和贡献。而当今我国实行的是社会主义市场经济体制，简单地说即以市场为主导，加以政府的宏观调控，依然是民间和政府两方面的力量来对经济产生影响。仅仅关注民间是不完善的，政府对经济的作用有目共睹，不容忽视！笔者希冀自己对劝业道和劝业员的研究，可以分析出官方力量在管理和影响经济发展时有哪些经验和教训，并可以为现今政府加强宏观调控提供一些借鉴。①

三、资料准备

该研究方向主要参阅了以下资料：

《政治官报》《北洋官报》《四川官报》《商务官报》等官报；《申报》《盛京时报》《大公报》《东方杂志》《成都商报》等当时重要报纸；

《民立报》《国风报》《民呼日报》和《民吁日报》《云南》《四川》等革命派报纸杂志；

还有《民国小说笔记大观》，各省通志、台湾近代史研究所沈云龙主编的近代史资料丛刊、二编和三编等；

此外还查阅了南充县原始档案（藏于南充县档案馆）和巴县的档案抄件（藏于四川大学历史文化学院），二者相加共有四百多卷档案资料。

档案资料是历史研究最为重要的一手资料，故此有必要略为介绍，以期对同好学人有所助益。南充档案馆对清朝的档案

---

① 敖天颖. 清季劝业道、劝业员研究综述[J].内江师范学院学报，2007（3）：40-42.

保存得比较完整，而且整理得很规范，尤其是光绪、宣统两朝的档案保存得很齐全。（2006年西华师范大学历史文化学院教授蔡东洲获得国家社科基金项目——《清代南部县衙档案整理与研究》；2011年该校教授吴佩林获得国家社科基金重大项目——《清代南部县衙档案整理与研究》。可见该档案的重要价值。）关于劝业道、劝业员的档案主要保存在“工房”档内，也有很少一部分在“兵房”档内，这部分主要是关于硝矿和驿站的情况。巴县档案现藏于四川省档案馆，是该馆镇馆之宝，本书主要是使用其抄件。该抄件得益于四川大学历史系的前辈老师和师兄师姐们，他们将20世纪60年代发现的巴县档案进行滕抄，并按年份和类别分类保存下来，在此向他们表达衷心的感谢。（2016年四川大学历史文化学院教授陈廷湘获得国家社科基金重大项目——《清代巴县衙门档案整理与研究》。）与本书研究的劝业道、劝业员相关的档案主要集中在光绪和宣统年间财经类档内，而财经档主要包括了劝工局、矿业、水利、驿站、耕牛、茶等小类别。

附：清末级别最高的官方报刊——《政治官报》——简介

清末，各种报纸杂志的出版和发行十分活跃，有外国传教士在华创办的早期新闻报，有以《申报》为代表的民间商业报刊，有戊戌变法前后以康有为、梁启超为首创办的《时务报》等维新类报刊，还有以孙中山为首的同盟会创办的以《民报》《浙江潮》为代表的资产阶级革命派报刊等等。其间官方也开始发行代表政府的官报，又通常被称为邸报，有时也被习惯性称为邸抄、邸钞、阁抄、科抄、京抄或朝报。自北洋官报局于光绪二十八年（1902年）发行了《北洋官报》以为中国官报之始后，各地纷纷仿效，如《南洋官报》《两广官报》《两湖官报》

《云南官报》《四川官报》《河南官报》等。中央各部也纷纷发行了自己的官报，如农工商部刊行了《商务官报》，邮传部发行了《交通官报》，学部则刊行了《学务官报》。在10年左右的时间里，从中央到地方，清廷各级政府共办有官报110多份。而其中自然以由内阁编辑发行、由北京官报印刷局印刷的《政治官报》为级别最高、范围最广，为中国历史上第一份由中央政府直接出版发行的机关报，标志着清末官报活动达到顶峰。

各地官报的主要内容是关于当地的谕旨、奏折、当地各政府机构之间的行文以及一些新闻。而《政治官报》作为中央最高级别的官方报纸，其主要内容是宫廷谕旨、朝臣章奏，各地督抚、各部的奏折及回批，刊载中央之立法行政及论旨、奏摺、电奏、章程等类，没有新闻但允许登很少量的商业广告；写作手法基本以记事为主，几乎不见评论。该报自光绪三十三年（1907年）九月创刊，至宣统三年（1911年）十二月、清王朝结束为止，延续了四年多时间，其间于宣统三年（1911年）七月改名为《内阁官报》。

《政治官报》是根据御史赵炳麟的建议，为预备立宪做宣传而创办刊行的，由慈禧委派庆亲王奕劻等人筹办。其宗旨据考查宪政馆的奏文声称，在于："庶政公之国人，使官民传观研究，皆能晓然于政令条教之本，无不与民休戚相关，自然智虑开通，共识负担国家之义，忠爱激发，咸有服从法律之心"；"开通政治之智识，发达国家之思想，以成就立宪国民之资格"。该报由考查宪政馆办理，原报日出一册。

《政治官报》脱胎于清代的"宫门抄"。主要是出于朝廷内外沟通的需要，由内阁每天把该发布的各项谕旨、京内外大员的奏折、官员升迁调动请销假的动态等等编成底本，交给东华门外的白报房，再雇佣一些贫困的文人用毛笔抄写成册，派身强力壮的报夫向订户投递。当时每月的报费是一两二钱银子，定价颇高又费时费力、效率低下，订户也仅有几百家，只是通通消息，发挥不了影响舆论的作用。到宣统三年五月由庆亲王劻为总理大臣组成的皇族内阁会议决定，在内阁承宣厅下设置制诰、叙官、统计和印铸四局，并将报名改为《内阁官报》，明确为“公布法令之机关”，由印铸局接办，采用从英国进口的铅印设备，从上海商务印书馆聘请技术人员，出版铅印邸报。这一变革结束了近千年手抄木印朝廷邸报的历史。“报纸经印铸局编辑印刷后，再交给设在宣武门外琉璃厂铁老鹳庙胡同里的巨兴、巨恒、巨升、信义、合成、集文6家报房。各报房再雇佣善走之报夫，一律穿蓝布长衫，肩上搭着一条蓝布长袋，内装当日新报，健步如飞，分送各衙门、官员府第、各大商号、钱庄等订户。每月订费也减至两吊钱。”①

现在所见的该报是由台湾文海出版社影印出版的，共54册，以每月为一册。其内容包括宫门抄、谕旨、交旨、吏部引见述旨、验放单、吏部送单、各项考试名单、电报奏咨类、摺奏类（分为两类）、咨答类、法制章程类和告白，共计12项，每册最后还有勘误表。有时每期在栏目上略有差别，但主体内容是不变的。每期最主要的内容是奏折，所有奏折都有目录，目录分为总目和分目，前者以时间为序；后者则分成各门类，包括宪政门、外务门、吏政门、民政门、财政门、礼制门、学务门、法律门、军政门、农工商门、邮电航路门、藩政门，共12门，每门中也以时间为序。咨答、法制章程和告白也是有目

① 白撞雨. 翕居读书录（3）[M]. 北京：石油工业出版社，2009：731.

录的。

宣统三年（1911年）改版后，报纸的内容没什么改变，只是在格式上有一些变化。在改版之前，目录是分散的，摺奏类的目录在每册书首，而咨答、法制章程和告白类的却在书的中间部位——摺奏刊登完之后的地方。改版后目录都集中在书首，并将摺奏类目录的总目取消。改版后目录种类计有如下：谕旨、电旨、交旨、监国摄政王训词、奉验放单、奉事由单、奉电奏电咨、奉法令、奉通行文件、奉摺奏、咨答、示谕报告，也是共12项。其中重要的最后五项都有详细目录。其中摺奏又分成以下11类：宪政类、军政类、民政类、学务类、财政类、司法类、交通类、边务类、实业类、典礼类和叙官类（相当于改版前之吏政类）。有了这样详细的目录，查找起来十分方便。

《政治官报》的内容，其章程规定："恭录谕旨第一、奏折第二、咨札第三、章程第四……凡私家论说及风闻不实之事，一概不录"[①]。在当时来说读者比较少，也缺乏舆论影响力，但是在政务公开和传播新闻方面还是有价值的（因为有些偏远地区没有其他报纸），对于今天我们了解当时的世局更是有很大的帮助。报纸内容涉及政务的方方面面，当时重要的事件，都可以从中找到依据，成为研究清末民初这段历史不可忽视的资料。无论是研究清末、民初的政治、经济、社会、文化等的情形和变迁，还是诸如北洋军阀的演变等专题研究，都离不开这份重要的报纸。清末民初正是中国各个方面发生重大变化转折的一个时期，政府变了、政体变了，社会生活、文化形态更是

---

① 戈公振.中国报学史[M].北京：中国新闻出版社，1985：43.

发生着变化，而《政治官报》的出现本身就在一定程度上标志着、显示着这种变化。这可以从其形式、内容上反映出来：形式上作为最高等级的官方报纸，有了商业广告出现；而在内容上，无论是谕旨还是奏折，都有很多新事务出现，如劝业道的设立、新式的兵制等等。一切都显示着一个新的时代就要来临了。

虽然《政治官报》是研究清末民初历史不可或缺的重要资料，但似乎在学界中的使用还不是非常广泛，其原因可能是因为该报的主要内容是谕旨和奏折，而这些东西在《光绪朝东华录》《光宣上谕档》《续清朝文献通考》等常用资料上都有所见。与这些资料相比，《政治官报》由于目录详细、齐全，具有查找比较方便的特点，可以在很大程度上节省查阅资料的时间，从而为研究者节约精力。

总之，《政治官报》（《内阁官报》）是清朝末期中央发行的一份官方报纸，主要登载重要谕旨和奏折，其出现的本身即为清末新政改革的结果；并且目录详细、查找方便，是研究清末民初史重要而简捷的资料，尤其是其刊载的中央政府资料，更是研究清末政情不可缺少的资料。

四、研究思路

本文首先要说明的是劝业道设立的背景，主要是基于中央的集权要求、地方商人的保商要求以及以“劝业”争国利（特别是国货之税收与洋货之税收相比，前者对政府更为高额和可控）而应运而生的。

其次是劝业道的设立。（1）在排列各地劝业道的设立情况之前，简要说明劝业道和劝业公所的区别联系问题：劝业道是官员，劝业公所是该官员及其下属办公的衙门，二者联系紧密却又区别明显。(2) 聚焦于劝业道的成立过程问题，包括各省设立的时间（并非一道圣旨下了之后各省就一起同时设立了）、劝业道观察（道台）的个体情况、详细机构组成及人员结构等。

其三是劝业道的机构组成问题。各地劝业道除下辖劝业公所外，还管理着各省原设的矿物调查局、湖田局等机构；在县乡一级，则设有劝业员和劝业分所，分别对接劝业道和劝业公所。

其四是探析劝业道等人员的构成及收入情况。力图通过个体以折射当时实业管理部门的面貌。

其五是劝业道的职能问题。劝业道的职能是本书探讨的重点问题，要充分展示劝业道及劝业公所在当时的作用、意义及社会认可等情况。就须以对其职能的完整准确认知为前提。接下来还介绍了劝业员的行动，以显示他们对清末基层地方实业发展做出的贡献。

其六则是力图以劝业道、劝业公所人员为代表，探讨清民之际新式官员的现代性转型问题。

另外在研究方法上，本文力求综合运用历史学和社会学的研究方法，并借鉴使用统计学的方法，注意定性分析与定量分析相结合。

总之，劝业道的添设本身就是清政府新政中对地方官制改革的重要内容之一，其一系列的机构至少可以说是清政府加强对地方经济管理的结果，也是清政府改变统治方式的表现，这一系列的地方机构不仅仅像以前一样延伸到省一级，并且前所未有的延伸到了县乡一级，说明新政的深度和广度在以往的基础上有了一个提升。也通过对劝业道的研究期望对当时官方对经济起的作用有进一步探看。鉴于资料情况，选择了资料比较集中的四川、浙江及奉天等几个地方为代表，展现劝业道的一些整体活动；同时也面向全国，因为劝业道毕竟是中央在全国设立的一个官方机构，各省的情形虽有一定的地域差异，但共通点仍然是主要的。

目 录

第一章　劝业道的设立背景

清末新政中，当中央内官制改革基本完成后，必然涉及地方外官制的相应调整，以形成顶层设计与民间社会之间的中介。此外，清廷集权之需求也贯穿于清末新政始终，中央设立商务部、邮传部，必有地方指爪，以切实执行。与时同时，民间普通商人也多有“保商惠商”之需求。大力发展国货以保利争税，更是官民双方的共同利益诉求。在此合力作用下，劝业道、劝业员的设立，几乎是顺理成章之事。

一、官制改革之必然

（一）内外官制统一之必要

近代以来，传统政府一直面临管理模式的转型，其基本趋势是深化、细化介入程度，以及由此形成的专业化介入手法。商部—劝业道—劝业员这一系列“层级化”实业管理机构，实际也是这一趋势应运而生的产物。中央设立商部、邮传部，重在从全国层面进行大政方针的决策；而地方设置的劝业道、劝业员（尤其是劝业员），要义在直接贴近社会经济事务的政府机构，其职能偏重于执行。由此在顶层设计与民间社会之间形成一中介，以统一内外官制，并强化地方实业管理。清政府在

《劝业道职掌章程》中这样规定了劝业道的归口管理问题——“劝业道秩正四品，为督抚之属官，归其节制考核，应禀承农工商部、邮传部及本省督抚办理全省农工商业及各项交通事务，并应由农工商部、邮传部随时考核。”①也就是说，劝业道官员是督抚的下属官员，但其所处理事务则主要由中央的农工商部和邮传部进行考核。到了宣统二年（1910年），政务处还曾通咨改良外省官制办法，要求“劝业官直接劝业道，径隶农工商、邮传两部管理”②。由此可以明白看出，劝业道既归属于督抚，但更重要的是要直归中央农工商部和邮传部管辖。

实际上，我们也可以从劝业道之“道”这一具体官职官位的衍变，看到这一变化趋势。官员的设置原则一般分为三类：以地属官、以事设官及两者兼及。而从属地到属事的转变，亦为传统管理模式转型之一端。“道”之变化，也基本遵循这一趋势。据《辞海》的解释和朱安东先生的专文——《关于清代的道和道员》③，始自汉代在少数民族聚居区所设置的县，在当时称为“道”；其后唐贞观元年，因山河地势之便，分全国为十道，并置采访处置使，职掌与汉武帝所设置的十三部刺史略同；而到明初，按察三司以辖区广大，由布政司的佐官左右参政、参议分理各道钱谷，称为分守道，按察司的佐官副使、佥事分理各道刑名，称为分巡道；到了清乾隆十八年，“罢各省守道兼布政司参政、参议衔，巡道兼按察司副使、佥事衔，定为守巡各道秩正四品”，从此道员开始以自己掌管的部门或地区定

---

① 劝业道职掌任用章程[N]. 商务官报（影印本），1908-5-25，台北：国立故宫博物院印，1982：3册：254.

② 政务处通咨改良外官制办法（北京）[N]. 申报（影印本），1910-3-20，上海：上海书店出版社，1984：105册：947.

③ 朱安东. 关于清代的道和道员[J]. 近代史研究，1982（4）：178-210.

衔，品秩一律为正四品。按照职责的不同，清代的“道”可分为两类：掌管一地的和掌管一事的，前者以所辖地区命名，实际上是省派往各地的行政或监察机构，权力及于各个方面，但仅以自己的辖区为限；后者以所管职事命名，实际上是省的办事机构，权力及于全省，但仅以所掌管的部门为限，很明显劝业道属于后者。“道”的长官称为道员，又别称为道台，在书信往来中通常称为“观察”。在清政府添设巡警、劝业二道的上谕中，有“增设巡警道、劝业道缺，裁撤分守、分巡各道”的用词。虽然“道”字未变，但从分守、分巡“道”到巡警、劝业“道”实质却有所不同。前者是指省以下、府州以上的地方行政长官，而后者是指在省督抚管理下专门掌管地方实业的官员。基本上，是由属地往属事方向转移。当然，后者毕竟由前者演变而来，在等级、品秩、道员待遇级别上基本是一致的。

另外，在等级品秩方面，清末在地方还设有提学、提法、交涉三司，而“道”在“司”以下。这也是沿袭而来，并可从当时的很多新闻中看出。如在奉天欢迎德俄两国领事的公宴上，陪宴者位次为“陶交涉司、张提学司、黄劝业道”[①]等。至于同为“道”这一级别的位次，“查巡警道隶属民政部，粮道盐道隶属度支部，劝业道隶属年工商部、邮传部，应按各部宪纲，首巡警次粮道次盐道次劝业道，以为位次前后”。[②]

（二）收地方事权之意愿

官制改革是预备立宪运动的主要和重要内容，清廷宣布仿

① 奉天·公署公宴德俄两领事志盛[N].盛京时报（影印本），1908-3-23，沈阳：盛京时报影印组辑印，1985：6册：373.

② 各省新旧道员之席次（北京）[N].申报（影印本），1910-9-21，上海：上海书店出版社，1984：108册：834—835；规定同城各道位次（广东）[N].申报（影印本），1910-12-16，上海：上海书店出版社，1984：110册：246.

行立宪“廓清积弊，明定责成，必从官制入手”[①]，所以官制改革既标志着预备立宪的开场，也成为清廷中央与地方权力争斗的焦点。关晓红教授更敏锐地观察到，清廷力图通过内外官制改革的这一对接式设置，使原本内外平行制约的内外官制演绎为中央-地方的上下级官制，由“内外相维变成上下有序”。[②]

自镇压太平天国后，大批汉族官员纷纷出任封疆大吏并日益掌握地方实权，满族中央政府渐感尾大不掉，有加强中央集权的必要。随着预备立宪的开展，清廷逐渐加强了中央集权的力度，其所采取的做法，就是在“统一财政”“统一司法”“统一军事”的名义下，建立中央各部对省各司道的垂直控驭体制，以达到制约督抚权力的目的。也就是说要在地方新设立一些对接中央的部门，期望以此夺回掌握在地方督抚手里的经济、军事、人事等实权。但此前进行的一系列改革在最后结果上都违背了中央政府的原有意愿，不仅没能加强中央集权，还在相当程度上维持了旧制——督抚权力不仅没有削弱，反而得以确认。接着清廷再进行地方官制的改革，在各直省省城增设巡警、劝业两道，以期能改变这一局面，这从劝业道的章程中可以明白看出。

中央政府曾发表过两次关于劝业道的章程，其一是光绪三十四年（1908年）五月发布的《劝业道职掌章程》[③]，其二是同年七月的宪政编查馆考核直省劝业道官制细则而做的增改[④]。

---

① 故宫博物院明清档案部编.清末筹备立宪档案史料（上）[M].北京：中华书局，1979：44.

② 关晓红.从幕府到职官：清季外官制的转型与困扰[M].北京：三联书店，2014.

③ 劝业道职掌任用章程[N].商务官报（影印本），1908-5-25，台北：国立故宫博物院印，1982：3册：254.

④ 宪政编查馆奏考核直省劝业道官制细则酌加增改摺（附清单）[N].东方杂志（第5年 第8期）.上海：商务印书馆，1907：76-79.

对于劝业道归谁管理，章程规定“劝业道秩正四品，为督抚之属官，归其节制考核，应禀承农工商部、邮传部及本省督抚办理全省农工商业及各项交通事务，并应由农工商部、邮传部随时考核”。对于该怎样具体来实施对劝业道的管理，章程里明确规定“劝业道所办各事除随时详明督抚或申报农工商部、邮传部外，应按年将本省兴办实业、交通各项及用人款项等事详列表册说帖报部以备统计”。对于谁有权利来选择当地劝业道的人选，“遇有新设此项道员或原有劝业道出缺，应由该省督抚在实缺道府暨本省候补道员内遴选二三员，出具切实考语，奏请简放或先行试署，农工商部、邮传部亦可会同就所知堪胜此项人员胪列事实预保存记，遇有缺出右军机处开单一并进呈恭候”。并且在宣统二年（1910年），政务处还曾通咨改良外省官制办法，直接要求“劝业官直接劝业道，径隶农工商、邮传两部管理”[①]。由上章程可以明白看出，劝业道既归属于督抚，但更重要的是要归中央农工商部和邮传部管辖。中央政府期望能够以此部分收回、至少也能监督地方督抚的经济大权，从而加强对地方的管理。实际上，劝业道的很多职能都是以前由督抚及其私属幕僚来完成的，中央设立此道并将其归由农工商部、邮传部主要管理，就是要将地方对实业的管理权收归到中央。对此《申报》“京师近事”栏中也曾有过评论：“改订外省官制大略亦以拟定，所有监司大员权限如度支使直隶于度支部，凡关于财政事宜可直接请示该部办理，督抚不过监督而已……（如）劝业道直隶于农部，其权限一如度支使。”[②]

① 政务处通咨改良外官制办法（北京）[N].申报（影印本），1910-3-20，上海：上海书店出版社，1984：105册：947.

② 京师近事[N].申报（影印本），1910-1-29，上海：上海书店出版社，1984：105册：147.

（三）由幕改职之需求

官制改革前，清朝官制系统分为“内”“外”两大类，前者又称为“京官”；而内外官的平衡制约，则成为清前期维持政府运转及政权平稳的重要手法。然而，为避免尾大不掉，远离京城之地则官额尽量精简，以达到“内重外轻”之目的。此举固然有效预防了地方分权乃至割据，却也带来另一个问题——“为维持正常运作，各省督抚司道乃至府州县正印官，不得不大量聘请幕友，辅助处理日渐繁多的政务。”①到清末时，社会结构剧烈更新，新的社会群体出现并迅速成长，适应原先简单“官-民”社会结构的国家治理体系日益支绌，地方官员的幕友数量不仅越来越多，来源也越来越丰富，需要应对的社会事务也越来越烦琐。与此同时，这一群体的实际权力、和吏治之关联与社会对其的批评也与日俱增。

这一局面意味着，幕僚群体已不可裁撤，只能改革。先是于鸦片战争前后，地方逐渐开始设置各种局所，以应各类尤其是军事急务，如军械所、报销局等。此后，清官制逐渐纰漏百出，候补官员数量急剧膨胀，入仕无望之余入局所日益成为其重要出路。然而，局所终究不是正式政府建制，更根本的是，需要管理的原本的临时事务又日益成为日常事务。如工艺传习所、官银钱局、垦务局、陈列所等，随着社会发展，已经成为必须存在的机构。

于是，清末官制改革之时，按照《直省官制通则》的要求，各地逐渐设置了各级行政官员正式的幕僚机构——“公

① 关晓红.从幕府到职官：清季外官制的转型与困扰[M].北京：三联书店，2014：33-34.

所”，将原来游离于行政轨道外的幕僚书吏等正式纳入系统，成为正式官员（公务员），进而分科治事，以之为“新”政。新成立的巡警、劝业二道，作为革故鼎新的典型标记，自然是首先设立了巡警、劝业二公所为专职办公机构。在劝业道细则中的最后一条就明确说道：“各省原设农工商矿各局所俟劝业道简放到任后应均归该道管理，惟该道设立之初，于各项实业一时未能周悉，不便概行裁并，应择该道擅长者归并专任外，其余旧有总办得力者，可仍旧分任局所事务，改为会办坐办，而由该道总司考察办理。”此举颇有治理方式现代转型的意味，有学者曾评价道：“（劝业道分科治事的组织形式）就使直省实业、交通行政具备了近代政府组织体系和管理方式的基本特征，有利于农工商部和邮传部的方针、政策有效地贯彻落实。”[①]

二、清政府振兴实业的政策和举措[②]

劝业道的设立与清政府推行振行实业的政策和举措密切相关，商部—劝业道—劝业员的建制，是其中至关重要的一环。故此，我们有必要简单回溯清末政府振兴实业的政策和举措。自洋务运动开始战后，清政府就推行了一系列发展近代工商实业的措施；至戊戌维新时期，实施的政策已经取得了一定效果；在此基础上，经维新派大力推动，清政府更接连颁布了一系列振兴工商的政策和措施。到了清季新政时期，这些政策得到了进一步推广和扩充，在实际中也取得了更为显著的成效。

---

① 王鸿志. 兴利与牧民：清季劝业道的建制与运作[D]. 广州：中山大学，2009：5.

② 朱英 .晚清经济政策与改革措施[M]. 武汉：华中师大出版社，1996；汪敬虞.中国近代工业史资料（第二辑）[M]. 北京：科学出版社，1957：637.

（一）鼓励发展各项具体实业

在农业方面，政府劝谕绅民“兼采中西各法”来发展农业，并要求地方官予以切实保护。光绪皇帝曾为此专门颁发上谕，强调农务为富国根本，此后又多次颁布类似上谕重申前旨。到了20世纪初推行“新政”时期，清政府还倡导和鼓励各省设立农业试验场，以研究如何改良种植，并培养新品种，推广农业新技术。

在制造业方面，光绪二十四年（1898年）五月十七日，清廷就颁发了奖励新制造的上谕：“富强至计，首先鼓舞人才，各省士民若有新书以及新法制成新器果系足资民用者，尤宜奖赏以为之劝”；所制之器，颁给执照，酌定年限，准其专利售卖；“有能独立创建学堂，开辟地利，兴造枪炮各厂，有裨于兴国殖民之计者，并著照军功之例给予特赏，以昭鼓励”。①同月，总理衙门遵旨拟订的《振兴工艺给奖章程》奏准颁行，规定对发明新学新器者给予各种奖励：或予世职，或授实官，或加虚衔，或允许其专售。②

在路矿方面，为更好地管理和推动路矿事业，清政府于光绪二十四年（1898年）设立矿务铁路总局，派王文韶、张荫桓主持，所有开矿、筑路公司事宜，俱归统辖，以专责成。此外，为保护和鼓励民间开矿，在光绪二十四年十月初颁行了《矿务铁路公共章程》，将开矿与修筑铁路取同一办法，其主旨在于“示洋股之限制，保华商之利权”，以倡导商办为原则。该章程第一条即指明兴办矿路分三种办法，即官办、官商合办和

①（清）朱寿朋编.光绪朝东华录（四）[M].北京：中华书局，1958：4115.
②（清）朱寿朋编.光绪朝东华录（四）[M].北京：中华书局，1958：4129.

商办；而以商办为最上之策，对商办铁路予以支持。

在纺织业方面，光绪二十一年（1895年）闰五月，清廷曾谕令“多设织布织绸等厂，广为制造”。[①]时署两江总督的张之洞在苏州、镇江、南通、无锡等地劝谕绅商开设纱厂，并筹拨专款在无锡开设丝厂。

在银行业方面，清廷在光绪二十二年（1896年）十月设立了中国通商银行。

清政府还招商承办一些原官办企业，如湖北炼铁厂等一部分原有的官办企业即先后改组为官商合办或商办企业。并选派干员赴旧金山及南洋各地，劝谕侨商出资承办。

此外，清末政府还自开商埠，据杨天宏教授的考证：“如果不问是否正式开放，而仅以奏准朝廷为断，则吴淞应排列首位；如果不论奏准时间，而单以正式设关开放的时间为断，则三都澳应列登榜首。”[②]吴淞是在光绪二十二年（1896年）奏准的，虽然并没有正式开埠，但紧随其后有福建三都澳（光绪二十五年正式开埠）、湖南岳州（同年11月13日正式开埠）、山东秦皇岛（光绪二十七年—二十八年、1901—1902年正式开埠）三地正式开埠通商后，广西南宁、山东济南及潍县、周村等地也纷纷仿效，由中国自行开埠通商。[③]

① （清）朱寿朋编.光绪朝东华录（四）[M].北京：中华书局，1958：3944.
② 杨天宏.清季首批自开商埠考[J].历史研究，1998（2）：149-154.
③ 徐柳凡.清末民初自开商埠探析[J].南开学报（哲社版），1996（5）：19-24；杨天宏.清末新政时期自开商埠的设置[J].四川师范大学学报（社会科学版），2002（6）：109-116；杨天宏.口岸开放与社会变革——近代中国自开商埠研究[M].北京：中华书局，2002.

（二）在对待民间力量的问题上，清政府开始同意并劝办各类行业协会

首先，清末的行业协会中，最重要的当属商会。在光绪二十四年（1898年）政府接受王锡蕃的建议，下旨饬令沿江沿海各督抚开办商会。[①]到光绪二十八年（1902年），上海成立了第一个具有商会性质的上海商业会议公所；在商部成立后，政府更颁布了劝办商会的文告和《商会简明章程》。[②]

其次，还鼓励设立农会，并将其作为发展农业的一项重要措施。对于已经成立的上海农学会，予以鼓励和支持，并要求各省均加以推广。光绪三十三年（1907年）年底，农工商部奏准颁行《农会简明章程》22条，规定各省在省城设立农务总会，府厅州县酌设分会，其余乡镇、村落、市集次第酌设分所。各地农会不仅创办了农桑茶等各种传习所以传授知识，还不定期编辑农报，讲授和刊载有关农学要义。

再次，清政府对民间商业力量的支持还表现在保护出洋华商和归国侨商方面。光绪二十一年（1895年），闽浙总督颁布保护归侨的新章程，二十五年（1899年）清廷又批准了福建巡抚许应的奏请，成立厦门保商局（《官场现形记》中曾提及该名词），以保护出洋回籍华商。这是政府与海外华侨联络的非官方机构。到二十九年（1903年）保商局停止局务，并入商务局；清政府则谕令沿海各省督抚均照此办理。

---

① （清）朱寿朋编.光绪朝东华录（四）[M].北京：中华书局，1958：4169.
② 冯筱才.中国商会史研究之回顾与反思[J].历史研究，2001（5）：148-167.

（三）劝办各种实业学堂、培养实业人才

自洋务运动开始，清廷曾数次下旨饬令设立铁路、矿务、商务、农务、工艺等新式学堂，并命原有学堂增设实业教育课程。农工商总局成立后，清廷也令其敦促各府州县皆创办农务学堂，广开农会、多刊农报，“其工学、商学各事宜，亦著一体认真举办”[①]，培养了一批初通农业知识的专门人才。政府还谕令在已开通商口岸之各省及出产丝、茶省份设立茶务学堂、茶务讲习所及蚕桑公所。光绪二十四年（1898年），杭州太守林迪臣开始在杭州创办蚕学馆，讲授近代蚕业知识。同年，清廷谕令总理衙门商议在南北洋设立矿务学堂，原有各学堂也酌情增设矿学课程，又命各省督抚选拔年幼聪颖学生，派往日本矿务学堂学习，以培养矿学人才。清政府还颁布了《奏定实业学堂通则》《奏定初等农工商实业学堂章程》《奏定中等农工商实业学堂章程》和《奏定高等农工商实业学堂章程》，规定农业学堂分为初等、中等和高等三级，分别招收年龄不等、学历不同的毕业生，并具体规定了初等、中等和高等农业学堂的开设办法以及分科与课程设置。此外还由官方鼓励并组织翻译、编印了西方各国的农业、实业书籍。这些举措使西方的先进农业知识得到传播，农业生产工具和生产技术开始传入我国，使我国传统的农业生产方式得以逐步改观。

（四）颁行一系列法令，保护实业发展

继上述《振兴工艺给奖章程》和《矿务铁路公共章程》之后，清政府到新政时期又颁布了《商人通例》《公司律》《公司

---

① 德宗景皇帝实录（422卷）[M]. 台北：华联出版社，1964：4.

注册试办章程》《商标注册试办章程》《破产律》等为数甚多的经济法规，工商业者得到法律的承认和保护，从而可以通过有关法规与地方社会势力和行会做一定的据理抗争。在奖励工商方面，清政府当时也曾颁行《奖励华商公司章程》《奖结商勋章程》和《华商办理农工商实业爵赏章程》等法规。这些法规的核心是鼓励民间私人资本自由发展，其颁行对于改变商人的社会形象和地位，应该说产生了不可忽视的作用。

（五）设立实业管理部门

光绪二十二年（1896年）二月，清廷依照御史王鹏运的奏议，通饬各省督抚设立商务局、农工商局，联络工商，推动实业发展，“于各省会设立商务局，由各商公举一殷实稳练素有声望之绅商，派充局董，驻局办事，将该省物产行情，综其损益，逐细讲求”。[①]另由各府州县于水陆通衢之处设立通商公所，“各举分董以联指臂”。八月，清廷又颁发谕旨，饬令于京师设立农工商总局，各直省由所在督抚设立农工商分局，以之为消除官商之间隔膜的重要措施。其后在光绪二十九年（1903）九月，政府在中央成立了商部以专管实业，不久撤销矿务铁路总局，矿、路二政划归商部管理。后该部又于三十二年（1906年）十一月与工部等合并，并改名为农工商部，又从商部分出邮传部，专管轮船、铁路、电线和邮政，据时人言“一时官吏提倡于上，绅商响应于下”[②]，清廷也明示推行“讲究工商”的国策，振兴实业成为政府和民间共同的要求。

---

① （清）朱寿朋编.光绪朝东华录（四）[M].北京：中华书局，1958：3723.

② 陈真，姚洛合编.中国近代工业史资料（第1辑 民族资本创办和经营的工业）[M].北京：生活·读书·新知三联书店，1957：7.

（六）举办各类商品赛会

在新政初期，清政府已经开始在国内举办劝业会、劝工会、物产会、商品陈列所等各种类型的商品赛会，以达到奖励创新、推动工商业发展的目的。光绪三十二年（1906年）五月，商部为设立功工场事札文全国各地商会，阐明“在地方繁盛之区责成商会联络各帮商人，各设一劝工场”。并要求将陈列物品中之优良者送部，并酌量给奖，“其有技艺精巧，有稗实业者，并由本部考验酌予优奖，以示鼓励。嗣后工场日增，被此通气，则其陈列之处愈多，而销路亦必愈广”[①]。同年十月，农工商部又倡导于先，开设了京师劝工陈列所；而规模比较大的武汉劝业奖进会也于宣统元年（1909年）在武昌举行。

三、工商业的发展与商人“保商惠商”要求

劝业道的设立也适应了清末工商业发展与商人“保商惠商”要求。前已提及，通过清政府的一系列发展实业的措施，工商业得到了一些起步性的发展。正如余英时所观察到的那样，“明清社会结构的最大变化便发生在（士商）两大阶层的升降分合上”，甚至“士农工商已隐然变为士商农工”。[②]以商会为代表的民间经济力量的兴起和发展、加强，也令清廷觉得应该强化对其的管理。此外，清季朝廷财政支绌，遂格外注意能广开财源之业。同时，民间社会一部分商人对地方管理实业专官的设立也是有所诉求的。

---

① 马敏，肖芃主编；华中师范大学中国近代史研究所、苏州市档案馆合编.苏州商会档案丛编（第1辑）[M].武汉：华中师范大学出版社，1991：433.

② 余英时.中国近世宗教伦理与商人精神[M].合肥：安徽教育出版社，2001：202、206.

如前所述，对清廷而言，设立劝业道的目的主要是为了收权，随着工商业在国民经济中的地位越来越重要，为适应这种经济上的变化，政府对工商业的管理职能也需要相应加强。

在清廷振兴实业政策的推动下，加上收回利权、抵制美货运动等其他历史因素的影响，中国在20世纪初出现了一次早期工业化高潮，从1902年起，商办企业数量明显增加：1902—1910年的9年中，共设立创办资本额在1万元以上的本国民用工矿企业604家，创办资本额共134 517千元，企业数量占清季工矿企业设立总数量的63.1%，投资额占65.4%[①]；1903—1907年，各省还建立了16家民办铁路公司[②]；1908年，全国设立了560多家电报局。[③]

除数量外，资本在投资范围上也更为广泛，除原有的缫丝、棉纺、火柴等业有了较大发展外，烟草、肥皂、电灯、玻璃、锅炉、铅笔、化工等业也有了民族资本企业的出现。

此外还有中外合资公司，甲午战前由于清政府执行传统的产业政策，并不承认中外合资的合法性。到1904年1月21日，清政府颁布了《公司律》，其中第35、37条分别规定："附股人无论华商、洋商，一经附搭股分即应遵守该公司所定规条章程"，"中国人设立公司，外国人有附股者即作为允许遵守中国商律及公司条例"。这意味着清廷允许华公司附搭洋股及洋公司附搭华股，并均享受平等保护的权益，这无疑对清末中外合资公司的发展起到了促进作用。

① 杜恂诚. 民族资本主义与旧中国政府（1840-1937）[M]. 上海：上海社会科学院出版社，1991：31.

② 宓汝成. 中国近代铁路史资料（第三册）[M]. 北京：中华书局，1963：1147-1148.

③ 陈向阳. 晚清三次变革与中国现代化的产生[J]. 社会科学研究，1996（1）：92-97.

特别在城市发展方面，一些措施的实行使地方民间自由度日增，城市因其政治、经济、文化、教育功能而具有越来越重要的地位与强大的吸纳能力，无论经商、求学、谋利、求生甚至享乐的人们都要去城市。于是，各种资金、多元文化与大量的异质人口通过不同渠道涌入城市，使得新型城市日益发展起来。衡量城市化的重要指标是城市人口增长率，正如周锡瑞所指出："十九世纪最后几年和二十世纪的最初几年，是中国主要城市迅速发展成长的时期，城市人口（特别是在主要通商港口）以3.5%～9.8%的年率在增长，它大大超过了0.4%～0.5%的人口每年平均增长的比率"①。城市的迅速发展"改变了本国工业资本的面貌，在甲午战争以前，主要是清政府的投资"，此后民间投资逐渐超过政府投资，"成为本国工业资本的主体"。②

这一切都令清廷感到要加强对实业的管理，尤其是在直省这一级别。因为前面谈到的光绪二十二年（1896年）二月根据御史王鹏运奏议而颁布的谕旨，要求各省督抚设立的"商务局、农工商局"是由"绅"来主持的，并非与农工商部对接的专官。如王笛先生所言："戊戌之后，许多省相继设立商务局以管理地方工商事务。商部成立后便企图接管商务局以作为其在各地的分支机构，并希望由它遴选人员充当总办以作为商部属官"，然而此举却遭到了各省督抚的抵制③。而设立劝业道则是清朝中央政府力图收回地方实业权利的又一次努力。

就商人方面而言，在商部成立前后，清政府为保护商人，

① （美）周锡瑞著.杨慎之译.改良与革命——辛亥革命在两湖[M].北京：中华书局，1982：144.

② 吴承明.中国资本主义发展述略[A].吴承明.中国资本主义与国内市场中国[C].北京：社会科学出版社，1985：100-138.

③ 王笛.试论清末商会的设立与官商关系[J].史学月刊，1987（4）：39-44.

在地方一级设立了保商局（后并入商务局）、商务局和农工商局、矿政调查局、商律馆、商标局、公司注册局等等，建制繁复，且有重复建设之嫌。这样的情形给商人带来了很多困扰，商人在注册或咨询有关事项时往往无所适从。更由于各机构之间往往互相推卸责任，商人到了这一机构办理，办事人员却将其推向另一机构。于是，商人逐渐产生了划一官制的要求。宣统元年，在大多数地方还没设立劝业道、或虽然劝业道已到任但劝业公所还未建立起来的时候，《申报》上曾刊登过一篇论说——《论官制亟宜划一》：

> 自是而外，巡警、劝业二道，或各省已设之专官或由督抚设立总局，以候补道员为总办，于劝业之中划为农工商三局，又或合三为一。……（省垣以外）而商业殷繁之地，又或专设商务局，与省垣之局政权相均，此亦官制不一之证也。若巡警、劝业二道普设于各行省，俾相齐一所辖以一省为限，凡局所之职务不齐者均设立定制，以相损益，则警政、实业之进步势必日异而岁不同。[①]

这说明劝业道成立之后事务并没有立刻就划一而归并其管理，而是有一个过程的。同时也说明即便在劝业道成立之前，也是有商人与民众要求设立像劝业道这样有统一职权的专官的。

此外，商人还认为仅有商部的管理是不够的，需要设立与他们更为接近的管理部门，他们愿意有地方专官来管理。在部分劝业道已经成立、督抚等地方官还不愿交出实权的情形下，中国商人重要群体之一的徽商就上书当时的实际最高统治者

---

① 论官制亟宜划一[N].申报（影印本），1909-8-12，上海：上海书店出版社，1984：102册：354.

——摄政王载沣：

> 宜增设保护专官：保商惠商之责在部臣（指商部大臣）只能揽庶务之总宗纲领之要，其余一切琐细节目非增设坐治之官就近维持、加意保护，鲜克有济。乃今除部务而外其余协助仍旧仰赖地方官，无如今日官府庶务繁重、倍过曩昔，顾此失彼实有鞭长莫及之虞，朝廷之设特官正系为此。……仅有管部之官维持于上而无佐治之员专司于下，商仍无权，积弱如故。

并建议在劝业道之下再“增设专官若干名，或按州县各设一员或二三州县合设一员”。[①]这条史料虽然是已经在中央设立劝业道谕旨下达之后的，但是依然可以说明商人中至少有部分是愿意国家设官、而不是地方督抚来管理、保护他们的，而且要与他们更加接近的官员，才能更好地保商护商，促进商业发展。

实际上，一般先进的大工业总是先在经济繁庶、人口集中的大城市、大地区出现，然后逐渐向经济不发达的基层地区扩展。近代中国的企业、新式实业学堂最先在北京、上海、武汉、江浙等地方出现，然后向各省城扩展，然后再向各县乡延伸。适应这样的需要，实业管理的机构也最先在北京出现，总管全国，然后在各直省出现，最后当然也应该在县乡出现。

四、以“劝业”兴国货

自鸦片战争后，洋货日多，逐渐占据国内市场。此后终清一代，商人和政府都十分期待振兴国货、以争洋利。对此，王鸿志在其博士论文《兴利与牧民：清季劝业道的建制与运作》

---

① 皖商上摄政王商务条陈[N].申报（影印本），1909-12-17，上海：上海书店出版社，1984：104册：464.

第一章“议设劝业道”中进行了比较详尽的论述。尤其是“商战败局与求变”和“筹饷之本”两节，都诉及清廷对兴国货、扩财源的强烈诉求。[①]

实际上，劝业道之所以名为“劝业”二字而非实业、商务等道，便是彰显兴国货之要义。清末最后几年，在各地劝业道的推动下，许多地方都曾兴建过“劝业场”，其中尤以天津、成都等地较为知名并保留至今。能容纳300余家商户的成都劝业场在设立时，就在章程中明确要求只准卖国内、主要是四川生产的商品，“以比赛工艺、振兴商业为主义”。但是这样的努力成效甚微，劝业场开业不久，就因“蜀都土产甚少，不得已暂准兼售洋货，自开场以来收益甚多。惟宗旨既变，自应改正名称以符名实，拟将劝业场改为商业场”。[②]于是四川成都劝业场在宣统二年（1910年）下半年改名为“商业场”并延续至今。从这一改名事件中，可见清廷将该官职名为“劝业”之苦心孤诣，也可见当时国货的艰难处境。

总之，为解决政治危机，为加强管理、开辟财源，更为满足稳固统治的需要，同时还顺应了民间的要求，清政府不仅设立了商部，还在各直省设立劝业道，作为中央商部在省一级地方的对应机构，以此为举办地方新政、振兴地方实业的重要措施。劝业道职掌“一省之农工、商业、交通、矿务、邮传等各项实业管理”，劝业道设立后，“各省原设农工商矿各局所应办事宜均归劝业道管理……至农会商会等项，该道有劝导稽查之责，并应遵照农工商部奏定章程办理”，其重要性可见一斑。

---

① 王鸿志.兴利与牧民：清季劝业道的建制与运作[D].广州：中山大学，2009：10-28.

② 论说[N].成都商报，1910（5）：1.

第二章 劝业道的设立

清廷谕令各省设立劝业道始自前文提到的光绪三十三年（1908年）五月二十七日上谕："增设巡警道、劝业道缺，裁撤分守、分巡各道。著由东三省先行开办，如实有与各省情形不同者，准由该督酌量变通，奏明请旨。此外直隶、江苏两省，风气渐开，亦应择地先为试办，俟著有成效，逐渐推广。其余各省，均由该督抚体察情形分年分地请旨办理，统限十五年一律通行。"①其后各省却并非齐头并进，而直到清亡，黑龙江和新疆两省也未设立。劝业道的设立（准确地说应该是劝业道的设立和劝业公所的成立，二者从时间上来说是先有劝业道的委任和到任，再有劝业公所的成立，应该时间间隔是比较短的）前人虽有一定研究，但其设立的具体时间未有专文论及。

一、劝业道与劝业公所的区别和联系

张玉法先生在《中国现代化的区域研究·山东省，1860—1916》中提到过"为了便于管理和统筹安排，山东巡抚吴廷斌于1908年奏准设立山东劝业道，这是全国最先设立的省级劝业机构之一，为山东最高实业管理机构，除了管辖原已设立的农

---

① 清实录（第59册）德宗实录（卷574）[M].北京：中华书局，1987：597.

工商务局、垦务局、湖田局、矿政调查局等实业机构外，下设劝业公所，公所内设总务、农务、商务、工艺、矿务、邮传等科"，在这里张先生显然将劝业道归于机构了。刘子扬先生在《清代地方官制考》①一书中也专门介绍了劝业道和劝业公所，其中说道："各省劝业道就所治地方设立劝业公所，并督率该道所属各员，按日入所办事。"张先生说"劝业道是机构"，那么劝业公所又是什么呢？而刘先生也没有说明二者究竟是什么关系，是完全一样的事物有两个不同的提法，还是完全是两个没什么关联的事物？

实际上劝业道既指官职——四品官，管理全省农工商业及各项交通事务；又在世人口中及报刊报道中作为某劝业道道员个人的简称，如前所提及的"黄劝业道"等（严格来说，应称之为"黄劝业道道台"。以官职作为官员的简称早已被广泛使用了）。其办公机构，即劝业道及其下属办公的衙门叫劝业公所。当时的报刊上在登载劝业道的消息时一般都以"劝业道×（该官员之姓）观察××（该官员之字号）"为开始的；而在"劝业道批示"中则常提到"仰×××（指商人等）速来辕领取"，这个"辕"就是指劝业公所。

其实"公所"二字也是在新政后才普遍使用的，并且正是新政"新"的标志，官制改革时准备将所有衙门都改为公所，主要是裁撤书吏、分科治事，以之为新政。新成立的巡警、劝业二道作为改革的标志，自然是首先设立巡警、劝业二公所为办公机构，后来连民政、法政、藩司②等厅局也要改为公所，甚

① 刘子扬.清代地方官制考[M].北京：紫禁城出版社，1988.
② 赣藩定期实行分科办事（江西）[N].申报（影印本），1910-9-1，上海：上海书店出版社，1984：108册：518.

至连督抚衙门都要改为督办公所。刘先生在书中还提到了“劝业道专署”，并举光绪三十四年贵州省奏设劝业道之奏折中的“将粮储道署改为劝业道衙门，农工商总局改为劝业公所”[①]为依据，说明“劝业道衙门与劝业公所系分立”，但章程中均只规定了劝业公所的各科设置及人员安排，并未提及“劝业道专署”或“劝业道衙门”的分科要求。而根据将清末最后几个月的政府结构及任职人情况都记录得比较详细的、由内阁印铸局编印的《宣统三年冬季职官录》[②]，各省均仅见劝业公所各科的职能及人员情况介绍，且每省基本上都设有劝业公所，并只有一所，其他关于实业的有个“实业科”，是下属于提学司专管各省实业学堂的。据此，笔者认为刘先生提到的“劝业道专署”应该是在劝业道设立之初、各局所还没有完全合并时候的劝业道个人的办公衙门，供劝业道官员办公以及劝业道本人和家属生活的地方。而“劝业公所”应该是合并之后的劝业道衙门，当完全合并后，劝业道的办公机构应该是劝业公所；但其生活的地方依然是“劝业道专署”。前举刘先生的史料，正好是劝业道成立之初官员依然“分署办公”的明证。此外刘先生还举了《东方杂志》5年第5期上的“吉林省劝业道，将本署应办事宜分为五科”，将之作为各省劝业道衙署组织情况的参考，笔者认为这条证据并没有明指劝业道将个人办公的专署分科治事，只是将应办“事宜”分科管理，而不是将“署”分科。

---

① 贵州巡抚庞鸿书请将粮储道、贵西道裁改为巡警、劝业两道摺[N].政治官报（影印本），1908-4-17，台北：文海出版社，1965：8册：323-324.

② （台）沈云龙主编.近代中国史料丛刊（第290册）[M].台北：文海出版社，1968.

二、劝业道的设立过程

既往研究对劝业道的设立情况往往一笔带过，难免使人误以为劝业道是在清廷一纸圣谕下各省立时普遍同时成立。朱英先生在《晚清经济政策与改革措施》一书附录《晚清经济政策与改革措施记事年表》中有一条目："1910年5月18日，清廷谕令各省添设劝业、巡警两道，须悉心考核，勿得将裁缺人员改授，或于候补班中按资补名"[①]，似有自此劝业道便在各省一举设立之感。而实际上，虽然清廷于光绪三十三年（1908年）五月二十七日，发表上谕要求各省设立劝业道，但是这一重大改革涉及清廷与督抚权益之争，期间围绕劝业道人选、费用等问题更是诸多拉锯。[②]故此各省并非齐头并进，甚而直到清亡，黑龙江和新疆两省也未设立。前引朱英先生书中之上谕，实为清廷于宣统二年（1910年）四月初十日，在大多数直省已设立劝业道后，由于其道台多由裁缺人员改授，或在候补班中按资补名而来，令清廷感到可能有不胜任或于该官职不相宜的情况存在，于是要求各督抚"悉心考核"各官[③]，而并非下令"添设"。可见，劝业道的设立时间，已有研究尚有不明确之处，下面仅就笔者所见，对劝业道的设立情况按时间顺序做一清理，以为进一步研究提供参考。

① 朱英.晚清经济政策与改革措施[M].武汉：华中师大出版社，1996：324.
② 关晓红.清季外官改制的"地方"困扰[J].近代史研究，2010（5）：4-30.
③ 上谕[N].政治官报（影印本），1910-4-10，台北：文海出版社，1965：33册：198-199.

表2-1 清末各省劝业道设立情况一览表（表中时间均为阴历）

省份	设立时间	道员姓名及任职时间	说 明	资料来源
奉天	光绪三十三年七月十二	度支司司使候选道**黄开文**试署，宣统元年七月十六日被开缺；由**韩国钧**署理；同年八月初六韩升署交涉使由**赵鸿猷**试署，并于两年后宣统二年八月十八日得以实授；后又由新民府知府**管凤龢**试署；宣统三年冬季由**萧应椿**担任	以农工商局改，垦务局、农业实验场、森林学堂、陈列所、渔业公司、畜牧公司、矿政局皆隶之，原奏设劝业司后改为劝业道	《东方杂志》五年一期，内务栏，40页；《政治官报》24册，326页；37册，319页；《内阁官报》53册，284页；《盛京时报》影印本4册，56页、81页；《宣统三年冬季职官录》559页；《盛京时报》4册，110页
湖北	光绪三十三年十二月初三日接篆	由特用道**刘保林**（48岁）试署；至宣统元年正月又由**邹履和**出任；元年六月三十日由湖北补用道**高松如**（43岁）署理，并于宣统二年五月二十日邹履和被开缺的同日，正式试署劝业道到清亡	此日期是准确的接篆日期；创设之官	《申报》92册，页290；《东方杂志》五年（光绪三十四年）二期内务栏，126—127页；《政治官报》34册，391—392页；24册，116页；34册，342页

续表

省份	设立时间	道员姓名及任职时间	说　明	资料来源
吉林	光绪三十三年十二月初八	宣统三十四年闰二月十九日由直隶候补道**徐鼎康**试署；宣统元年二月初四由**黄悠愈**（38岁）试署	以农工商矿林业各局所并设	《政治官报》19册414—415页；31册54—55页、127—128页
山东	光绪三十三年十二月十五	光绪三十四年正月十八日由存记道**萧应椿**（53岁）署理；宣统三年二月二十三日，由于其“在东世有盐业”与时署安徽劝业道的**童祥熊**对换；后由**何永久**接替童祥熊，直到清亡	裁撤山东督粮道增设	《政治官报》4册,275—278页；5册，136—137页；44册，76页（谕旨见43册，页371）
湖南	光绪三十四年二月二十一日	由军机处存记道**沈祖燕**（47岁）试署；光绪三十四年六月十二日由候补道**唐步瀛**（69岁）接任；宣统元年十二月十二日与原署衡永郴桂道的**谭启瑞**对调。到宣统三年由**王曾绶**署理	创设之官	《政治官报》5册,339—340页；10册，247—248页；29册，431页；《宣统三年职官录》，页1129
贵州	光绪三十四年三月初三	原奏由任按察司的**严隽熙**试署，但由于一时难以交卸按察司事务，于四月二十三日由留黔补用道**向步瀛**署理；至宣统元年四月二十六日由在任候补道**王玉麟**署理，并于宣统二年十月二十六日得以实授	由粮储道署改，并将农工商各局改为劝业公所	《政治官报》8册,323—324页；12册，365页；21册，524—525页；27册，464页；39册，517—518页

续表

省份	设立时间	道员姓名及任职时间	说 明	资料来源
安徽	光绪三十四年三月二十九日	光绪三十四年五月初一日军机处存记道**童祥熊**上任；宣统二年二月二十三日与署山东劝业道的**萧应椿**对调；宣统三年冬季由**赵鸿猷**担任	由安庐滁和道裁改，已设之商务垦牧树艺各局酌量归并	《政治官报》8册，75—76页；30册，378页；《宣统三年冬季职官录》733页
云南	光绪三十四年六月二十九日	由**刘孝祚**补授；宣统二年三月初十日刘被开缺，并由时任贵州遵义府知府**袁玉锡**补授	添设之官	《政治官报》11册，30页；32册，233—234页
广东	光绪三十四年七月十三日	由二品顶戴军机处存记广东候补道**陈望曾**（54岁）试署；宣统元年七月十九日，陈升迁为臬司，由候补道**韩国钧**接替；韩上任几天后还是由陈望曾担任该职到清末	由督粮道裁改	《政治官报》11册，284—286页；24册，442页；《宣统三年冬季职官录》1214页
江西	光绪三十四年八月二十日	由候补道**傅春官**试署，宣统元年二月二十四上任	由粮道裁改	《政治官报》26册，316—318页；12册，438页；20册，253页
四川	光绪三十四年九月三十日	由时署成绵龙茂道之农工商部议员、军机处存记道**周善培**（34岁）署理。到宣统三年五月后周升任提法司由**王宗潼**署理	由原有劝工局裁改	《政治官报》13册，页553；同册，554—555页。《宣统三年职官录》，1161页
陕西	宣统元年二月初一日	由在任候升道**光昭**试署，是年闰二月二十日到任，宣统二年四月二十四日实授	由粮道裁改	《政治官报》18册，158—159页；33册，496页

续表

省份	设立时间	道员姓名及任职时间	说　明	资料来源
浙江	宣统元年三月初二日	由花翎二品衔奏留浙试用道董元亮试署	由原有之农工商局裁并	《政治官报》20册，147—148页
河南	宣统元年七月十七日	由二品顶戴、裁缺粮盐道**王维翰**试署；宣统二年十一月十三日王被开缺另补，所遗员缺由**胡鼎彝**试署	由粮盐道裁改	《政治官报》24册，354—355页；同册，355—356页；40册，287页；同册，231页
广西	宣统元年十月二十七日	由镇安府知府、曾充任农工商局提调、并任富贺煤矿总理的**胡铭槃**试署，是年十二月初三上任；宣统三年三月胡被开缺，由**赵从蕃**补授，但由于赵到任需时，由候补道**彭清范**暂时署理；到宣统三年冬季由**胡翔林**署理	新设之官	《政治官报》28册，58—59页；34册，298页；45册，168页；《宣统三年冬季职官录》1263页
直隶	宣统二年二月二十六日	候补道、上海阜丰面粉公司创办人**孙多森**补授	增设之官	《政治官报》31册，461—463页；同册，420页
江宁（见说明3）	宣统二年三月二十八日	二品顶戴军机处存记道候补班奏留江苏前先补用道**李哲濬**（36岁），并于宣统三年闰六月初十日得以实授	增设之官	《政治官报》33册，86—88页；48册，263页；48册，192页

续表

省份	设立时间	道员姓名及任职时间	说　明	资料来源
福建	宣统二年四月初三日，二十四日接印	由二品衔、裁缺督粮道现充农工商局总办的**张星炳**补授	由粮道裁改	《政治官报》33册，156—157页；33册，页157—158
山西	宣统二年十二月二十四日	由现任冀宁道**翁斌孙**补授。到宣统三年由**王大贞**署理	由冀宁道裁改	《政治官报》41册，456—458页；同册，367页。《宣统三年职官录》，814页
甘肃	宣统二年十二月二十九	由现任兰州道、农工商部议员**彭英甲**兼理，到宣统三年五月上任，后专任该职	由兰州道原管的“屯田、茶、马、盐务”改，后又将兰州道裁改	《政治官报》42册，77—78页；47册，62页

说明：

1．表中所列设立时间按照督抚上奏劝业道道台人选的时间为准，若有省份没查到上奏时间，则以上折后由皇帝批复之时间为准。

2．表中所引《政治官报》系台湾文海出版社影印本，之所以选择该报作为主要资料来源，是由于其刊登的督抚奏折比较集中、齐全，且有目录便于查找；与其他资料上（如《光绪朝东华录》《光宣上谕档》《续清朝文献通考》等）刊载之督抚奏折内容是相同的。

3．江宁与江苏当时虽属同一省界，“惟辖境宽广、属县繁多，藩学二司向系分设，今遵旨筹设劝业道缺自应援照藩学二司之例，宁、苏各设一员”①，而江苏直到清亡也未曾设立劝业道。

4．黑龙江和新疆两直省未设立劝业道。黑龙江早在光绪三十三年（1907年）十一月就上奏“劝业在江省切要，而诸务并无萌芽，拟亦不设

① 两江总督张人骏江苏巡抚宝棻奏筹设江宁劝业道缺遴员请补摺[N].政治官报（影印本），1910-4-4，台北：文海出版社，1965：32册：87.

道缺”①；但从《盛京时报》上的新闻看来，曾在宣统年间以当地提学使兼充劝业道，如“黑龙江提学使兼劝业道张观察”②。至于新疆，巡抚袁大化直到宣统三年（1911年）六七月间才上《奏边省瘠苦请缓设巡警、劝业两道片》③，解释该省地瘠人稀、财政支绌、无力添官，请“将巡警、劝业两道暂从缓议，俟财力稍裕，再察酌情形奏请添设”。

三、从劝业道的设立过程中分析出的一些问题

清末各直省设立劝业道的情况如表1所示，从中可以看出劝业道设立的几个特点。

1. 各直省设立劝业道并非同时一举设立，而是从光绪三十三年（1907年）七月到宣统二年（1910年）十二月超过四年的时间里陆续设立的。光绪三十三年设立了四个，光绪三十四年（1908年）设立了七个，宣统元年（1909年）有四个省份设立了，剩下的五个省份则在宣统二年设立了劝业道。在很多文章中都有的“到1910年，除山西、江苏、甘肃、新疆、黑龙江外，其余18省均已设置劝业道”④之语虽不错，但显然并不完善准确。上谕中要求先行试办的直隶、江苏二省不仅没有最先设立，倒是最后在宣统二年（1910年）设立的五个直省中的两个（江苏省以江宁劝业道为代表），其原因值得深究。在直隶总督陈夔龙的《奏增设直隶劝业道缺遴保二员请旨简放摺》中，先是叙述了一番直隶各项经济的发达情形，然后说正是在这种

① 东三省总督许世昌等奏请设司缺派员试署并陈变通办法摺[N].东方杂志（第5年第3期）.上海：商务印书馆，1907：196-198.
② 黑龙江·饬选劝业员[N].盛京时报（影印本），1910-5-15，沈阳：盛京时报影印办公室，1985：15册：162.
③ 新疆巡抚袁大化奏边省瘠苦请缓设巡警、劝业两道片[N].内阁官报（影印本）.1911-7-7，台北：文海出版社，1965：49册：445.
④ 陈安丽.清末新政时期的实业政策与措施[J].内蒙古师范大学学报，1999（5）：96-102.

经济处于比较发达的情况之下再行设立劝业道，是“急起直追再求进步、庶几用力少而成功多”之举[1]。意思是现在设立，才是应时而生，能取事半功倍之效，其拖延设立的真实原因还有待于进一步考察。至于江苏，在两江总督张人骏和江苏巡抚宝棻联合上奏的《设江宁劝业道缺遴员请补摺》中，只是提到“前督臣议建设，因遴选尚未得人，致未办理”，并且援照旧例苏、宁应各设一员，而“江苏应设之确，容俟遴选得人另行酌拟奏请补署”，其借口更为牵强。[2]实际上可能与江苏士绅不愿有关：《申报》曾报道“江苏、江宁两属士绅因江督苏抚主张宁苏各设巡警、劝业道，群起反对。谓布政使、提学使已设两缺，今巡警、劝业两道又设两缺，未免骈胝赘疣、无裨治理。宁属士绅爰即推举黄阁学思永为领袖、苏属推唐侍郎文治为领袖，要求督抚及宪政编查馆代奏止设一缺”。[3]争取的最后结果是双方互有让步——在江苏设巡警道，江宁则设劝业道。

2. 劝业道官员任职资格都依据章程的规定，“在实缺道府暨本省候补道员内遴选二三员”，只要是裁缺其他衙门建立劝业道的省份，都由裁缺道台改任；在署理劝业道之前，大多也曾办理过农工商政，有一定经验。

3. 大多数劝业道道台被开缺都是由于宣统二年（1910年）四月初十日的上谕（前已述之），该上谕要求各督抚“悉心考核”各官；只有浙江劝业道董元亮、江西劝业道傅春官、江

① 直隶总督陈夔龙奏增设直隶劝业道缺遴保二员请旨简放摺[N].政治官报（影印本），1910-2-29，台北：文海出版社，1965：31册：461-463.

② 两江总督张人骏江苏巡抚宝棻奏筹设江宁劝业道缺遴员请补摺[N].政治官报（影印本），1910-4-4，台北：文海出版社，1965：32册：86-88.

③ 陆吴两大臣注意江苏官制（北京）[N].申报（影印本），1910-7-10，上海：上海书店出版社，1984：107册：726.

宁劝业道李哲浚等少数几人顺利通过这场考察一直担任该职到清亡。对此事《申报》上并有评论——《清谈·此后之巡警道、劝业道》：

> 各省之巡警劝业两道得毋因此而大受恐慌乎？各督抚得毋因此而大加整顿乎？倘各巡劝道不因此恐慌激发天良而徒归咎于冯道之运动不精、弥缝之无术，则其人必不救。倘各督抚以该道为所保之人而信任不疑，则考覆亦仍空言而已。[①]

清末在各省添设劝业道，是清末新政地方官制改革的重要内容之一；作为与中央商部相对应的省级实业行政机关，其作用也是不言而喻的；其设立时间、过程似应受到研究者的重视，可为进一步研究打下基础。

---

① 此后之巡警道、劝业道[N].申报（影印本），1910-4-20，上海：上海书店出版社，1984：106册：310.

第三章　劝业道的机构组成

劝业道总管全省实业，其所管事务纷繁复杂。厘清劝业道的机构组成，有利于我们了解其具体事务、办事流程等重要问题，并可从中管窥其与传统官职的联系和区别，以及其中带有现代性要素的变化。劝业道的机构组成主要由横纵两线构成，具体机构组成情况如图3-1所示。

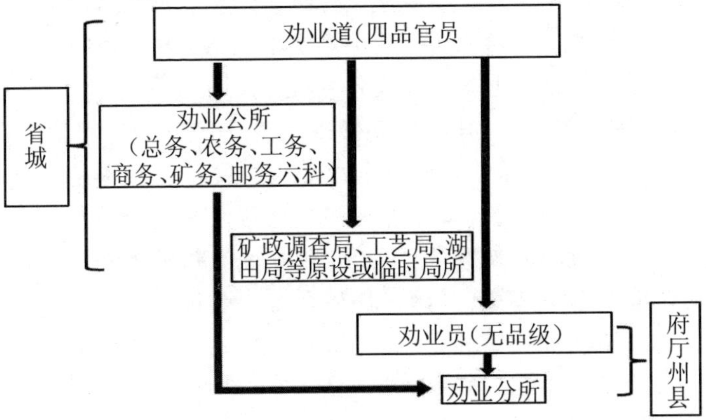

图3-1　劝业道机构组成结构表

一、劝业公所机构组成

基于劝业道及劝业公所的职能，劝业公所的机构组成可分为横向的公所本身机构（一般都有完备的六个部门）和纵向机构两方面。公所的机构设置在“增补条款”中规定得很清楚：

劝业道应就所治地方设立公所，督帅所属各员每日定时入所办事，公所分设六科如下：一总务科，掌承办机要、议定章程、考核属员、编存文牍、收发经费、统计报告及实业交通学堂各事项；二农务科，掌农田、屯垦、森林、渔业、树艺、蚕桑及农会、农事试验场各事项；三工艺科，掌工艺制造、机器专利、改良土货、仿造洋货、工厂各事项；四商务科，掌商业、商勋、赛会、保险及商会各事项；五矿务科，掌调查矿产、查核探矿开矿、聘请矿师及矿务公司各事项；六邮传科，掌航业、铁路、轮车、电线及测量沙线、营治埠头厂坞、考查路线、稽核通运行车并电话、电车、邮政各事项。

对于邮传科的权限，《申报》还做过详细报道：

（一）掌全省邮政电政之调查统计，按季造表呈部存案；（二）筹度邮政电话之分局子局应行添设推广及办法；（三）稽查民间信局筹划与官局联络事宜；（四）提倡电灯、电机制造各公司集款开办事宜；（五）承邮传部之命筹议邮电价目之增减及邮便储金办法等事。①

而在《宣统三年冬季职官录》中也对劝业道及各科做了基本相同的介绍。对于在劝业公所中工作的人数，细则中是这样规定的：

每科设科长一员、副科长一员，其科员额缺由劝业道酌量事务繁简定之，惟总务科、邮传科

① 劝业道邮电科之权限[N].申报（影印本），1907-11-28，上海：上海书店出版社，1984：92册：6.

每科不得过四五员，其余每科不得过二三员。

各省的劝业公所基本上都按此要求设立了这六个部门，但在部分矿务不发达的省份，至少在刚开始时并未设有矿务科。如安徽“劝业道童观察详请抚宪，拟设劝业公所一处，其内容分总务、农务、工务、商务、邮务五课，每课委派正副课长一员，并委课员二三员以资佐理”[①]。而江西劝业道在开设之初仅设有四科[②]；最先设立的奉天劝业道“分科四：农务科，掌农田、树艺、畜牧、渔业事项；工务科，掌工艺、物料、机器、制造及调查本省矿政事宜；商务科，掌商业、商会一切提倡保护奖励事宜；庶务科，掌监印、收发及不隶于以上各科之事。”[③]而河南劝业公所，即使到了宣统三年冬季，也只有五科——商务和邮传合为一科。[④]

此外，虽然在章程中没有规定，但在实际中却出现了“佥事”一职。佥事，据《辞海》解释，乃清初沿袭明制，在按察使下设佥事，乾隆时废，而此处可能是借用以前的一个官名来称劝业道的属官。由《北洋官报》和《盛京时报》的资料看来，其职位相当于各科科长。如奉天乃劝业道首设之地，在设立之初并不规范，以佥事代科长。《奉天行省公署谘议局会同各司道公议分科职掌章程》中说：“每科设佥事一员（首科从四品、余均正五品），一等科员一员（从五品），二等科员一员（正六品），三等科员二员（正七品），司书不限员（正八品），

---

① 皖省举办劝业公所（安庆）[N].申报（影印本），1908-7-20，上海：上海书店出版社，1984：95册：646.

② 电告巡劝二道官制（江西）[N].申报（影印本），1909-4-9，上海：上海书店出版社，1984：100册：369.

③ 奉天行省公署谘议局会同各司道公议分科职掌章程[N].盛京时报（影印本），1907-7-22，沈阳：盛京时报影印组辑印，1985：4册：110.

④ 宣统三年冬季职官录[A].（台）沈云龙主编.近代中国史料丛刊（第290册）[C].台北：文海出版社，1968：854.

副司书不限员（正九品）。”[①]但是实际上并没有在每科都设佥事，《北洋官报》在奉天劝业道设立之初的“新政纪闻”一栏中曾刊登过“奉大劝业道及科员名单”[②]，在劝业道黄开文之后即是“首科佥事”——祁祖彝和徐廷爵，接下来才是农工商等各科委员。佥事一职不仅位高，更重要的是佥事乃由督抚直接委派。[③]出现在清廷谕旨中并没有的“佥事”一职，应该是督抚与清廷争权保权之举。在《盛京时报》的“辕门抄”一栏中，常有奉天劝业道佥事的消息，如“署吉林劝业道佥事、农工商部员外郎胡宗瀛会议鸭绿江木植事宜委员”[④]“劝业道佥事、候选知县徐廷爵禀知赴本溪县查矿”[⑤]。直到宣统二年（1910年），奉天才决定要裁佥事添科长：

> 各司道以佥事裁撤后其公事之承起尚是需人，拟照度支司官制办法，各科除一二三等科员外另拟添设科长一员，以为各科办事之承起，其薪金则视一等科员加优，至首科科长其薪金则视各科科长加优。[⑥]

但是，“佥事”一职据现有资料看来仅存在于奉天劝业公所中，其他各省的劝业公所还是设立的科长，毕竟章程中是规定

① 奉天行省公署谘议局会同各司道公议分科职掌章程[N].盛京时报（影印本），1907-7-22，沈阳：盛京时报影印组辑印，1985：4册：110.
② 新署司道佥事表[N].盛京时报（影印本），1907-7-23，沈阳：盛京时报影印组辑印，1985：4册：116.
③ 司道委派佥事续志[N].盛京时报（影印本），1907-7-26，沈阳：盛京时报影印组辑印，1985：4册：128.
④ 辕门抄[N].盛京时报（影印本），1908-7-15，沈阳：盛京时报影印组辑印，1985：8册：77.
⑤ 辕门抄[N].盛京时报（影印本），1908-10-20，沈阳：盛京时报影印组辑印，1985：9册：92.
⑥ 裁佥事添科长·奉天[N].盛京时报（影印本），1910-2-15，沈阳：盛京时报影印组辑印，1985：14册：161.

的“科长”之名。“佥事”为旧名，“科长”乃新词，从中可见清末新政之迂回也。

二、劝业道的下属机构——各省原设的局所

劝业道的下属机构，可纵向分为的两条线，其一是各省原设的局所等管理机构，其二便是劝业员及劝业分所。前者在章程中有明确规定：“各省原设之农工商矿各局所应办事宜均归劝业道管理，其原派员绅应由该道体察情形详明各省督抚分别裁并，以一事权。”这在各省实际设置时也是贯彻得比较好的。

（一）矿政调查局

这是专管矿务的一个机构，在劝业道设立前已经设有，在劝业道设立后有些地方归并入劝业道衙门中作为矿务科；有些虽归劝业道管理，但仍然存在。矿政调查局的设立始于矿务发达的东三省：

> （其地）矿产林立，就奉天一省论菁华发越者已不下四百余处，其韧而未发者尚不知凡几……然课无定章、管无专员，三十一年（1905年）前将军赵尔巽饬商务局兼管矿税，适值农工商部奏令各省设立矿政调查总局，而奉省矿务较盛，事务尤繁，是年冬即饬设局。嗣改行省，设劝业道，即以矿政局总办道员祁祖彝兼署劝业道佥事；明年祁道调任东边，以道员徐廷爵接办局务，乃饬整顿尾明山官办煤矿，并改定章程。①

---

①（清）刘锦藻编纂.东三省政略·纪奉天矿政[A].（清）刘锦藻编纂.清朝续文献通考（卷388，实业11）[C].北京：商务印书馆，1955：考11358.

虞和平先生也曾说道："自清末以来，在一些矿产丰富，采矿业比较发达的省份，都设有矿政局，受劝业道和省政府的双重领导。"[①]光绪三十四年（1908年）四月，山东劝业道到任不久，即呈请农工商部批示"能否将矿政调查局与劝业公所合并"，不久即"奉到咨覆，谓现既已设立劝业道，所有矿政调查事宜自应归并办理"[②]。在奉天，即便在劝业道设立之后，《盛京时报》上矿政调查局的回批仍是屡见不鲜。局中（或于劝业道署中）还附设有"化分矿质局"，其局长一职"以劝业道或矿政总局总办兼充"。[③]

四川商务总局和矿政调查局也于光绪三十四年十一月初七改隶劝业道，并改为商矿两科，并由该两局"札饬该县（指巴县）即便知照，嗣后有与商矿两局交涉事件仰即径赴劝业道衙门核办可也"。[④]孙海环（1876—1929）还曾担任过四川劝业道矿务科长。同时，据南充档案18目754号："四川矿政调查局本局现管商矿事宜均属劝业道执掌之内，现在四川劝业道既到任，自应将本局所管局屋、档册、银钱、款目及附属之学堂、工场、矿务分局等项一并拨归该道管辖，札仰该县即便知照，以后关于商矿事件即报劝业道衙门可也。"

湖北矿政调查局于宣统元年由湖广总督陈夔龙上《裁撤矿政调查局归并劝业道管理摺》，并于五月十四日得到奏准的批复。[⑤]

---

① 虞和平.张謇与民国初年的经济体制改革[J].社会科学家，2001（2）：13.

② 矿政调查局已准归并（山东）[N].申报（影印本），1908-4-25，上海：上海书店出版社，1984：94册：302.

③（清）刘锦藻编纂.清朝续文献通考（卷389，实业12）[M].北京：商务印书馆，1955：考11373.

③ 光绪三十四年十一月七日四川商务总局及矿务政局改隶四川劝业道卷[Z].巴县档案.光绪财经二.矿业118.

⑤ 湖广总督陈夔龙裁撤矿政调查局归并劝业道管理摺[N].政治官报（影印本），1909-5-17，台北：文海出版社，1965：22册：289-290.

而在湖南，在劝业道已经设立后，商人李金戣等上禀农工商部，请求免于将矿政调查局裁撤，农部批示“惟湘省矿务比年官绅合力提倡，渐见振兴……正为联络官商维持矿政起见，应准咨行湖南巡抚免予裁撤，以顺商情”。[①]

（二）劝工局

劝业道设立之前，四川在省城设立了劝工总局，在县级地方设立了劝工局，主要是制作产品、改良土货等。与后来的劝业分所不同，前者与其他地方的劝工厂相近似，是生产场所；后者则是管理机构。该名词目前仅见于四川，在其他省份应该也有类似的机构。据《蜀海丛谈》中言：

> 时各省提倡工业，川省各属亦均筹设劝工局，故设此局以资改进，且综核各属劝工之成绩。局内设总办一，初以成绵道兼充不之薪；下设提调一，月薪五十两；除文案收支采买等员外，以工业种类分类，委员月薪均数十两。……制成品即就局出售，以资周转。洎设劝业道，即裁局归入道署办理。
>
> 光绪三十四年始设通省劝业道，即就局内建设道署……其时各繁富厅州县之劝工局早已次第设立，统归道署考核。[②]

就四川巴县而言，劝工局在省城劝工总局归并撤销后也一直存在，甚至在县级地方设立了劝业员并成立了劝业分所后也存在。

---

① 公牍.本部要批一览表[N].商务官报（影印本）.1909（5），台北：国立故宫博物院印，1982：4册：88.

② 周询.蜀海丛谈[M].成都：巴蜀书社，1986：139、59.

从“宣统一年巴县劝工局收支账簿”①中可以看出，劝工局的主要收入源于旧岁存银、城乡肉厘经费、渝城牛羊肉厘、陈列所售货钱银、分局售货钱银、出租铺房的租钱、出售旧岁上海带物及双纱和一些个人缴银；主要支出则包括伙食费、教员薪金、脚力钱及产品原料费用。所内分收发所、宣绸科、葛巾科、线毯科、洋布科、棉布科、卤漆科、铜器科、洋椅科、卤漆木批科、榻印科、藤椅科、洋漆科、剃头科、铁器科、车器科。据巴县档案《光绪三十四年川省劝工局为劝业道接替劝工局职掌札》称：“查工艺局厂系属劝业道职掌之内，现在四川劝业道既已到任，所有劝工局经管关防、局屋、银钱、材料、器具、成品、工匠艺徒人等及附属工厂自应移并劝业道管理；劝工局及附属工厂向支经费应并改归劝业道移领转发。”②从中可以看出劝工局原来管理的事项以及在劝业道设立后归其直接管理。

劝工局是主要由绅办理的，各地有劝业员后，则由劝业员总理其事。据《巴县劝工局职员名单》③，该县劝工局计有：收支绅一名（经理出入银钱、报销账据等事），收发一名，监厂二名，采买一名，医士一名，本局经理二名，分局经理二名，书画卤漆一名，帮账一名，讲字一名，共十三名；后为撙节经费，于宣统元年（1909年）七月裁去书画卤漆、帮账、讲字和本局经理、分局经理各一名，局中还剩八人。并且每年劝工局都会向劝业道汇报财政及各项办理情形，如宣统二年（1910

① 宣统一年巴县劝工局收支帐簿[Z]. 巴县档案. 光财二. 劝工局45.
② 光绪三十四年巴县为劝业道接替原劝工执掌札劝工局[Z]. 巴县档案. 光财二. 劝工局33.
③ 巴县劝工局职员名单[Z]. 巴县档案. 光财二. 劝工局48.

年）巴县劝工局一月——九月的财政表[①]以及同年巴县向劝业道填报所属劝工局办理情形报告表[②]，都说明劝工局下属于劝业道。宣统三年（1911年）六月二十六日，护理四川总督王人文还上《劝工局成效昭著出力人员择优请奖摺并单》，内称：

> 查四川省城劝工局自光绪二十九年前署督臣岑春煊奏请设立，升任成都府沈秉堃创始，署劝业道周善培继之，至今延历九载，先后招收艺徒二千余人，教授改良工艺三十余科，艺徒毕业优者为滇黔陕甘聘用及推办六十余州县之劝工局派充教师；次者亦皆出局营业，执业自存。所制物品三次解送农工商部，均蒙嘉许。去年南洋劝业会该局分厂所制之皮革器具，由审查总办给予头等奏奖，其余制造品物得超等奖者三，得优等各奖者二十有三，其成绩璨然可观。……该局自设立以来既直接而促进工业，亦间接而裨益治安，利赖所及，洵非浅鲜。[③]

可见四川省城劝工局在劝业道领导下的成绩。

（三）种树公所

在奉天，劝业道还曾办过“种树公所”。该所归劝业道所属，“曾在东郊外五里浑河岸将旗营之校场开垦，栽种各种树株以为人民森林思想之倡。已经数年，树已栽罄，地尚有余，是

① 宣统二年巴县向劝业道填报其劝工局一月-九月的财政表[Z].巴县档案.光财二.劝工局95.

② 宣统二年巴县向劝业道填报所属劝工局办理情形报告表[Z].巴县档案.光财二.劝工局97.

③ 护理川督王人文奏劝工局成效昭著出力人员择优请奖摺并单[N].政治官报（影印本），1911-6-3，台北：文海出版社，1965：47册：463—464.

以赵道宪（时任奉天劝业道的赵鸿猷）日前特饬该所专办将种树事宜停办，以节虚糜，所浮之地现均已招佃耕种，酌收租价，以资补助”。[①]

（四）垦务局

该局顾名思义，用于管理垦荒事务，也主要是在荒地较多的东三省等地设立。光绪四年（1878年）吉林即设立垦务局，放荒招垦。据李玉伟先生的《略论清末绥远地区的蒙垦》一文介绍：

> 光绪二十八年（1902）八月，贻谷在包头试办了乌伊两盟垦务局，第二年，两盟垦务局正式成立，姚学镜为该局总办。该垦务局在伊盟设有四个垦务分局,贻谷最初打算由这个垦务局办理乌伊两盟的垦务,但后来因乌盟垦务更难推行,该垦务局的活动不得不限于伊盟范围了。光绪三十二年（1906），乌盟垦务局成立，李云庆为总办，该局下设两个垦务分局及其他一些垦务机构。[②]

前已提及，张玉法先生也说道：“（劝业道）管辖原已设立的农工商务局、垦务局、湖田局、矿政调查局等机构”；而从本文的“清末各省劝业道设立情况一览表”中也可看出，设有垦务局的地方在当地劝业道到任后都归其管辖。

三、劝业员和劝业分所

纵向的第二条线是劝业道及劝业公所、劝业员及劝业分所

---

① 奉天·植树公所停办[N].盛京时报（影印本），1910-2-24，沈阳：盛京时报影印组辑印，1985：14册：201.

② 李玉伟.略论清末绥远地区的蒙垦［J］.内蒙古社会科学（汉文版），2001（3）：47-50.

这一系列管理机构。学界对劝业道及劝业公所的研究比较少，对劝业员及劝业分所的研究更是鲜见。而在历史上，劝业员至少在清末的四川是普遍存在的，并且在县乡一级基层直接体现出新政所带来的变化。

（一）劝业员的设立情况

对于劝业员，章程中说道："劝业道应视各该省事务繁简禀明督抚酌派相宜人员分任各事，以资佐理，并得派员周历调查，其各厅州县之劝业员即由该道详请任用。"可见且劝业员归劝业道和当地地方官管理，同劝业道也受中央农工商部和地方督抚的双重领导一样，劝业员也要接受双重领导。从章程中的文字可以明白，清末在地方的劝业机关是分成在省城的劝业公所（劝业道）和在各州县的劝业分所（劝业员，有的地方还有矿务调查员或矿务委员等）两层机构的。

鉴于各省任命劝业员还不够积极，农工商部后又于宣统二年（1910年）"札饬各省劝业道，略谓振兴实业为现在开辟利源之要端，惟事极繁难，非专由官力所能办理，即应遵照部章在所属各府州县选举劝业员绅，以资襄赞一切，并即将选定各员之详细资格履历开列清册覆部存查"[①]，要求各地劝业道加紧选任劝业员。以下就将所见的劝业员委任情况做一梳理，为以后的进一步研究奠定基础。

1. 东三省地区

在东三省，宣统二年（1910年）五月，在前述农工商部要求各地加紧选任劝业员的札饬下发后不久，黑龙江提学使兼劝

---

① 京师近事[N].申报（影印本），1910-5-8，上海：上海书店出版社，1984：106册：717.

业道张观察也“特饬各府厅州县赶即遵照部章办理”[①]。此外据《盛京时报》的资料，未见有东三省各地选任劝业员的材料了。

2. 江浙地区

在江浙一带，宣统元年（1909年）八月浙省劝业道董元亮根据前述劝业道章程“第十五条各厅州县应设劝业员一人，掌考查实业交通等事，遵即拟具试办章程七章，详请府宪核准在案。兹悉已将是项章程刊印齐备，拟即札发十一府各厅县，饬令迅速选择合格员绅出具切实考语，详请札派。一俟劝业员委定，即由各该县监督员按照章程逐条认真举办。其已经设有农务分会、商务分会之处，并将章程分别转发，俾便周知。”[②]该道并将“此项章程刷印多份，装订成本，除详咨外相应备文移送各司道局所一体查照”[③]。据《申报》上的资料，该省至少有部分州县是设立了劝业员的。当年九月，山阴县江令即详劝业道称：

> 邑绅太常博士杜子枫学问渊博，平日研究实业孜孜不倦。前奉颁发橡子下县，系给该职分销试种，旋据分别考求橡质、逐细解释，具有说贴送县，并且劝导农民实力提倡，均为该职究心农学之明证。……现经知县面商，请其担任劝业员之责令用（原文如此），敢详请宪俯准给札派充，以振农业。[④]

---

① 黑龙江·饬选劝业员[N].盛京时报（影印本），1910-5-15，沈阳：盛京时报影印组辑印，1985：15册：162.

② 通饬各属保举劝业员（浙江）[N].申报（影印本），1909-8-3，上海：上海书店出版社，1984：102册：222.

③ 移送各州县劝业员章程（浙江）[N].申报（影印本），1909-7-27，上海：上海书店出版社，1984：102册：148.

④ 山阴县保举劝业员（杭州）[N].申报（影印本），1909-9-25，上海：上海书店出版社，1984：103册：102.

同年十一月，仁和县劝业员前江西赤石司巡检程绅良骏“呈劝业道禀报设立劝业公所并启用图记日期”，但他在呈报中还“附入爱国国债会及国民捐办法条陈”，董道批斥谓：

> 该员办事处应定名称为劝业所，不得滥用公所字样以示区别；其公债会一节难为国民人人应尽之义务，今于禀报设所文中附入殊属不合，且所言亦多未明事理，应毋庸议。①

同时，泰顺县虽然“农会商会尚付阙如”，但却组织设立了劝业公所（应为分所，当是与仁和县一样的差错）：

> 庶足以开风气而收提倡改良之效，兹经邀集城乡绅董会议，先就县署统计处附设劝业公所，公推现办统计编纂员齐凤鸣兼任劝业员，一切职掌事宜循章次第举办，俟筹有的款再行布置完善。②

同年冬月间，在扬州（江都）经农务分会绅士组织设立了江都劝业分所，并“投票公举朱君嘉桢为劝业员，禀奉江宁劝业道札准试。”到宣统三年八月，又“奉道宪颁发江都劝业分所之钤记一颗于日前启用，并赁定新城丁家湾民房一所，以为办公之地”③。

3. 四川地区

而在四川，根据“巴县档案”和“南充档案”的资料，可以看出劝业员的设立是比较普遍的。宣统元年（1909年），四

---

① 劝业员牵连国债条呈之不合（杭州）[N].申报（影印本），1909-11-26，上海：上海书店出版社，1984：104册：114.

② 泰顺组织劝业公所（浙江）[N].申报（影印本），1909-11-12，上海：上海书店出版社，1984：103册：880.

③ 劝业分所成立（扬州）[N].申报（影印本），1911-8-26，上海：上海书店出版社，1984：114册：814.

川劝业道周善培就曾“饬各属选送劝业员来省学习”，这些学生于该年七月毕业回籍[①]。到宣统二年（1910年）十月成都第五次劝业会举办后，劝业道依据各厅州县官送物品核定分数、评列等级，在其通报表[②]上可以看出，全四川所有厅州县均设有劝业员，并且已经为成都劝业会做了很多工作——得分在8000分以上的，连同牧令和劝业员各记大功二次，得分最高的是三台县；得分在7000以上的，记大功一次；而得分在4000分以下者则被记大过两次，得分最低的是开县。如表3-1所示。

宣统二年（1910年）四川劝业员一览表

县纲	牧令	劝业员	分数	县纲	牧令	劝业员	分数
三台县	朱钟麟	杨慕云	8167	新繁县	殷有澄	余光弼	8135
叙永厅	杨汝偕	姚奉璋	8032	石砫厅	赵鸿	吴磐	8000
以上一等，各记大功二次							
邛州	路广钟	周永清	7733	华阳县	钮传善	黄肇勋	7267
阆中县	张炳璜	马德骥	7133	成都县	史久龙	周盛祺	7100
西昌县	魏时璟	陈方端	7067				
以上二等，各记大功一次							
彭县	吴以刚	程作璋	6833	乐至县	许先德	杨三辅	6700
峨眉县	铭山亘	胥夔	6667	什邡县	袭文蔚	黄宗干	6533
彭山县	孙元奎	王汝铄	6500	眉州	曾朝佑	李元亨	6500
巴州	楼藜然	朱如椿	6467	金堂县	文拯	李维弼	6400
富顺县	熊廷权	王胜芳	6367	简州	阮开铨	杜荫乔	6333

① 宣统元年巴县为定劝业员职掌札县劝工局绅董[Z].巴县档案.光财二.劝工局72.

② 宣统二年川劝业道为省为办劝业会奖惩地方官事札巴县[Z].巴县档案.光财二.劝工局93.

续表

县纲	牧令	劝业员	分数	县纲	牧令	劝业员	分数
广元县	李道河	冉炳	6233	合江县	黄炳燮	吴鸿钧	6233
巴县	周庆壬	王承烈	6233	内江县	广福	梅祖挚	6233
合州	杨体仁	王懋文	6200	奉节县	陈韬	吴耀南	6167
盐源县	赵舒怡	陈志远	6133	洪雅县	彭立栻	王鲲	6100
江津县	廷继	黄光霁	6067	蓬溪县	杨开运	夏思溥	6033
安岳县	王志昂	王懋官	6033	乐山县	周廷华	尹世桢	6033
以上三等，概不给奖							
会理州	王香余	余怀锐	5967	新津县	禄勋	于绍光	5967
绵州	文德龙	刘朴	5967	中江县	赵文哲	刘懿先	5933
井研县	张耀林	吴亮工	5932	梁山县	孙嗣煌	李经九	5900
绵竹县	庄荫椿	任戬谷	5900	忠州	徐甫陈	殷秉钧	5900
昭化县	张景仓	昝对杨	5867	宜宾县	霍勤口	陈杰	5800
渠县	颜学序	邱钟岳	5667	雅安县	唐嗣禄	廖明良	5667
德阳县	夏联元	何明东	5633	安县	孙锡祺	刘德盛	5633
丹棱县	关世熙	刘光鼎	5600	岳池县	周湘廉	柏均平	5567
荣昌县	武镳	胡树蕃	5533	荣县	李淇章	张笃	5533
大足县	王毓文	郭汝寿	5500	各山县	黄堃	李耀芳	5500
遂宁县	陈金华	易登云	5500	温江县	周诚	范濂	5500
射洪县	李远枀	喻泽湘	5467	綦江县	吴广熙	李彦隆	5467
荣经县	陈伦	杨韬	5467	南江县	杨允升	廖耑	5467
天全州	张拨沆	彭国清	5467	泸州	钟寿康	曾志庆	5467
蓬州	戴赓唐	沈文萃	5467	清溪县	林殿香	严德	5467
璧山县	哈锐	高凌云	5467	冕宁县	章庆	谢芝勋	5467

续表

县纲	牧令	劝业员	分数	县纲	牧令	劝业员	分数
黔江县	王炽昌	许永洪	5467	新都县	万篪	方煦	5400
资阳县	张传睐	曾国棻	5400	丰都县	李英	陈明泮	5367
垫江县	李端概	刘建五	5367	新宁县	陈纯熙	萧家瑜	5367
永川县	汪承第	喻肇权	5333	广安州	史悠彦	于建勋	5333
西充县	冯庚	何鸿达	5333	永宁县	刘汝铎	许国政	5333
隆昌县	袁家声	杨家鸿	5333	屏山县	胡鼎立	简源浚	5333
万县	谢廷麟	文化祥	5333	铜梁县	张煦春	李文宗	5300
江比县	唐之声	汪德寿	5300	夹江县	陈伟勋	董光大	5300
长宁县	姜秉善	王达森	5267	彭水县	刘藻棻	王敬臣	5167
崇庆州	吕森	邓鸿章	5167	罗江县	文秀	任建勋	5133
彰明县	张文源	周大杰	5133	筠连县	张友枢	何链修	5100
马边县	恒芳	何树知	5100	纳谿县	存禄	范清江	5100
古宋县	赵润民	温鸿皋	5100	石泉县	吴述曾	刘学梁	5100
长寿县	刘敬	庞鸿谟	5067	盐亭县	蒋应澍	熊荣第	5067
邻水县	袁家端	刘赓尧	5033	青神县	曾习经	邵从渊	5033
通江县	吴巽	李耀庚	5033	庆符县	钟允谐	凌翰	5000
茂州	文照	张宗海	5000	宜陇县	张允武	王文蔚	5000
犍为县	贺家澄	邓思齐	5000	剑州	周观涛	刘培崧	4967
蒲江县	姚协襄	李桢	4967	口山县	马文璨	乐和澄	4967
灌县	张溥	朱世适	4933	苍溪县	伏衍羲	孔宪栋	4933
江安县	黄德润	曾志庆	4900	定远县	勒鹤龄	章巨川	4867
崇宁县	苏家树	周耿光	4867	资州	沈继贤	陈嘉谔	4833
兴文县	张汉文	黎佐乡	4822	珙县	刘洪春	尹泽震	4800
郫县	夏兴赓	范秉璋	4800	梓橦县	李锦成	钟灵秀	4733

续表

县纲	牧令	劝业员	分数	县纲	牧令	劝业员	分数
双流县	许长龄	谢式男	4700	汉州	刘端棻	舒达清	4633
理蕃厅	王治瀛	郭家麟	4633	雷波厅	叶锦麟	罗浚	4600
威远县	刘炜	郭成性	4533	峨边厅	钱增葆	廖容光	4533
巫山县	润和	黎辉铨	4533	大竹县	谢汝霖	周瑞麟	4533
大邑县	胡用霖	喻国光	4500	高县	权芷生	闵燮忠	4500
秀山县	张广玥	谭木越	4467	酉阳州	杨兆龙	张国桢	4390
江油县	陈志哲	涂轮	4333	云阳县	金维朴	邬霈	4167
以上不列等，其平均分在四千分以上，拟请从宽暂免置议							
松蕃厅	杨润	常德鸣	3800	开县	雷登门	罗安民	3733
各予记大过二次							

此外，在《成都商报》宣统二年（1910年）第二期的末尾，也刊载了四川“各属劝业员姓名表”。由此可见，在四川所有的厅县府州，都设有专职的劝业员。

（二）劝业员的撤换情况

不仅劝业员的设立和劝业分所的成立由劝业道管理，劝业员的撤换也须由劝业道批准。宣统三年（1911年），浙江永嘉劝业员张焕绅“实地调查，澈心□告，屡蒙劝业道董观察批奖。只因粮费奇拙，乃提取□□站中饱之款，致□县书之思利用周绅熙海为傀儡，怂恿该邑令朦请撤换。当经劝业道严加批斥，谓堂该县劝业员张焕绅并未经本道饬县撤换，何以该令竟另行率举他员？”[1]而在处理具体事务如开设农会、开办工厂

① 不准撤换劝业员（浙江）[N].申报（影印本），1911-8-2，上海：上海书店出版社，1984：114册：396.

时，很多时候是由当地劝业员上报劝业道批准的。如当重庆商人李元贞等欲开办重庆熔化工厂时，就由重庆劝业分所呈请四川劝业道。[①]而当重庆诚成丝厂在潼川购丝受阻时，丝厂人员则请巴县劝业分所转详四川劝业道，请求设法维持。[②]

（三）矿务调查员或矿务委员

有的地方除了劝业员外，尚有矿务调查员或矿务委员。比如在四川，光绪三十四年（1908年）十一月二十九日劝业道周善培就札饬各省选举矿务委员：

> 暂收媒铁两项经费以充矿局办公及矿务公司保息，……此次详定章程既奉批准，尅日实行，自应先将各属矿务委员选定，而后一切筹办事宜乃能次第施行。……勿论矿产衰旺若何，但属产有煤铁之州县均应查照此次所发章程及后开选格，传集士绅迅即选定二人，加具切实考语，详由本道选择其一委充该县矿务委员，以资办事。如已选定矿务公司理事之处，即由该县禀由本道加札委令暂行兼充该县矿务委员，以免另举又延时日。至该委员办公处亦即责成该管地方官依派出所办法，或租会馆或借庙宇先期设定，俟该委员选定奉委之日即须藉资办事，或与派出所同在一处均可。[③]

---

① 宣统一年十月六日-十一月二十五日重庆劝业分所为请准许李元贞等开办重庆熔化工厂事禀四川劝业道案[Z]. 巴县档案. 宣财四. 货币8.

② 宣统三年四月二十二日-五月七日重庆诚成丝厂在潼川购丝受阻请巴县劝业分所转详四川劝业道设法维持案[Z]. 巴县档案.宣财经二. 近代工业5.

③ 光绪三十四年十一月二十九日劝业道通饬各属选定矿务委员禀呈加委卷[Z]. 巴县档案. 光财二. 矿业119.

而在矿务发达的东三省，基本是以矿务调查员替代了劝业员来行使其职能，因为东三省最主要的实业就是矿业，即便是选任劝业员，其主要职能还是在矿务方面。从现有资料看来，东三省也并不是每个州县都设有“查矿委员”，而只是在府一级设有，当有矿务事宜需要查勘时，则就近前往。如商人鲍儒生报领矿产时，劝业道便“札饬驻海（指海龙府）查矿务委员就近前往查勘覆办”。[①]

矿务委员的权限还不小，据《盛京时报》上刊载的“劝业道批示”看来，一旦有商人报领矿产，一般的程序都是先由劝业道札饬该项委员调查商人所报各项情况是否属实，以及是否有漏报、瞒报的情况。劝业道再根据该项委员的回复决定是否给予商人试探执照以及其后的开矿执照。

除报领矿产外，停办矿产也要经过该地或附近查矿委员。宣统二年（1910年），职商马惠亭开办的“法库厅崔家沟煤矿”没有成效，商人不堪赔累，禀请劝业道将矿照缴销、矿产废弃停办，赵道宪批复“废弃矿章当呈报查矿委员……札饬法库厅（查矿委员）就近前往该矿区，查明具覆，再为核夺”。[②]这样的例子还有很多，充分说明了查矿委员的作用和影响。

至于劝业分所的机构组成，据现有资料看来，可能并未细分科别，个别资料中看到顶多有些文案人员。从现有资料看来，劝业分所基本上仅仅只是劝业员一个人办公的地方。

---

① 奉天·派员查勘矿务[N].盛京时报（影印本），1910-3-27，沈阳：盛京时报影印组辑印，1985：14册：332.

② 奉天·饬查废弃煤矿情形[N].盛京时报（影印本），1910-6-16，沈阳：盛京时报影印组辑印，1985：15册：284.

第四章　劝业道及其相关人员的构成和收入情况

劝业道上承农工商部及各省督抚，下管前述机构，在清末最后几年中行使着管理实业的职能。那么在这些机构中究竟是些什么样的人在活动呢？他们究竟出身于什么样的背景呢？了解了劝业道及劝业公所的机构组成，更需要了解其人员的组成，才能进一步了解劝业道在清末风云变幻的几年里对实业管理所起的作用。

一、劝业道的人选、收入及个人事务

对于劝业道人员的任职资格问题，章程中规定“此项人员应就衔缺相当以及京外应升人员遴选，或曾充农工商矿各差及办理交涉各事务经理得益，或提倡公司局厂确著成效，或曾在农工商部、邮传部供差公事娴习以及讲求实业、交通诸政素有心得者方为合格”；并且在增改细则中又基本上一字不变的重申了该项条款。前已言之，劝业道本身是四品官员，其出身前文也已略做分析，基本上还是科考出身。但由于事关实业，并且在章程中也有规定，他们或在担任劝业道之前或在已经担任之后趁职务之便，或多或少都有一定的实业基础，可以算作官商一体的代表群体。

(一) 劝业道个人简况

表4-1将这些曾任过劝业道道员的籍贯、任职省府、当时年龄、出身、任劝业道之前的经历等具体情况做一梳理。

表4-1 劝业道的个人情况简表[①]

劝业道姓名	籍贯	任过职的省份	清亡时年龄	出身	任劝业道之前的经历
萧应椿	云南昆明	山东、安徽、奉天	56	监生、保试经济特科	在山东河工抢险出力、会办山东商务局、劝募直隶公债、办理农工商局及矿政局事务、农工商部派充商务议员并矿务议员、办理商政矿政交涉得力，曾在山东集股办理盐务，并附有华德铁路各公司等股份
光昭	满洲正红旗	陕西		监生	西安府知府
高松如	直隶清苑	湖北	47	监生	直隶银行总办，在湖北筹办秦晋捐局，总办官钱、善后、铜币、银币各局，总办武汉劝业奖进会差
黄悠愈	广东顺德	吉林	39	廪贡	福建洋务局总办、总会办吉林农桑局差、委办吉林造币分厂、吉林度支使
傅春官	江苏	江西		廪贡	办理农工商矿局，创办试验场、陈列所，兼办赣州铜矿局

续表

劝业道姓名	籍贯	任过职的省份	清亡时年龄	出身	任劝业道之前的经历
赵鸿猷	山西平遥	奉天、安徽		举人	内阁中书递捐道员，历办四川云南机器、铜元局，总办四川宁远矿务，代理云南巡警道
王曾绶	顺天通州	湖南		举人	户部主事
王玉麟	云南昆明	贵州		举人	都匀府知府
王大贞	福建晋江	山西		举人	
董元亮	福建闽县	浙江	51	举人	国史馆誊录馆议叙，奉天文案处帮办、管理西股委员兼充丈放科、尔沁札萨克公旗荒务总局帮办、复州知州、东边沙河税局总办，调江苏清查商埠房地局总办、署民政司户籍科佥事，调浙江历充抚署文案处总办、谘议局筹办处总办、官钱局总理
胡翔林	安徽徽泗	广西	48	举人、保试经济特科	

续表

劝业道姓名	籍贯	任过职的省份	清亡时年龄	出身	任劝业道之前的经历
彭英甲	奉天铁岭	甘肃		副贡	兰州道、农工商部议员，创办各局厂
孙多森	安徽寿州	直隶	42	增生报捐贡生加捐同知	集股100万元创办了著名的上海阜丰面粉公司，并因成效卓著而获得“充头等议员并加三品衔”的奖赏。后又曾“自备资斧游历日本考察实业”；除清光绪二十四年（1898年）与兄孙多鑫在上海创设阜丰面粉公司（为国内华商第一家机制面粉厂）外；二十七年（1901年）任上海电报局帮办；三十一年（1905年）筹建上海商务总会，任议董兼副会长；三十三年（1907年）去天津，任启新洋灰公司、滦州矿务局协理。到直隶后，“协理天津银号、启新洋灰公司、北洋滦州官矿公司，接办直隶全省渔业公司，总办直隶全省工艺总局；经农工商部先后扎委协理上海商务总会事宜，并充京师陈列所名誉赞助员，协理京师自来水公司”。①

① 奏增设直隶劝业道缺遴保二员请旨简放摺[N].政治官报（影印本），1910-2-29，台北：文海出版社，1965：31册：461-463.

续表

劝业道姓名	籍贯	任过职的省份	清亡时年龄	出身	任劝业道之前的经历
李哲濬	浙江定海	江宁	37	附贡	在广东历办军械、制造、善后等局，办理南洋第一次劝业会事务
陈望曾	福建台湾，改藉侯官	广东	57	进士	广州府知府，开办官银钱局，创设蚕业工艺各学堂及劝工陈列所、自来水公司
袁玉锡	湖北襄阳	云南		进士	简授贵州遵义府，筹建（遵义）工艺厂
童祥熊	浙江鄞县	安徽、山东		进士	署凤颍六泗道、办理皖北牙厘及现办土税
胡鼎彝	陕西榆林	河南		进士	
张星炳		福建		进士	翰林院庶吉士，国史馆协修、纂修、总纂，福州府知府，福建督粮道，农工商局总办
王宗潼	山东福山	四川		进士	
周善培	浙江诸暨	四川	38	举人，率学生留学日本	驻日公使参赞、将弁学堂总办、四川成绵农茂道、农工商部议员、商矿劝工等局总办
黄开文	广东蕉岭	奉天		留学美国	北京电报局局长、奉天度支司司使等职

续表

劝业道姓名	籍贯	任过职的省份	清亡时年龄	出身	任劝业道之前的经历
刘孝祚	福建闽侯	云南	42	举人	四川都署文案、云阳县和盐源县知县、云南全省矿政局和电报局总办
胡铭槃	浙江乌程	广西	37	国子监卒业	镇安府知府，曾充任农工商局提调、巡抚署秘书，兼充桂全铁路局总办，并任富贺煤矿总理
徐鼎康	江苏嘉定	吉林	35		直隶道员
赵从蕃	江西南丰	广西	42	进士	工部主事补都水司员外郎、农工商部奏留补工务司郎中，京查保列一等记名
韩国钧	江苏泰县	广东、奉天	55	举人	
刘保林	四川华阳	湖北	52	监生	直隶州知州、报效顺直赈捐、湖北省城纱布丝麻四局总办、署安襄郧荆道
沈祖燕	浙江萧山	湖南	50	举人、贡士	内阁中书行走，办海运出力，常熟、崇明等县知县，在江苏劝捐助饷出力，委办湖南矿务公司总监督并官矿处及官钱局等差
谭启瑞		湖南			曾督办北洋农工商局事务

续表

劝业道姓名	籍贯	任过职的省份	清亡时年龄	出身	任劝业道之前的经历
唐步瀛	四川乐山	湖南	72	举人	湖南益阳、衡阳、浏阳等县知县，凤凰直隶厅同知，衡州府、常德府知府，署岳常澧道兼监督岳州关税务
王维翰	广西临桂	河南		进士	任河南粮盐道，历署藩臬篆务，会办清理财政事宜
翁斌孙	江苏常熟	山西	52	进士	翰林院侍读，署山西大同府知府、冀宁道道台，开辟大同农事试验场，筹款创设工艺局，设商业体操会

（二）劝业道人员简析

从表4-1可以看出下面几个问题。

首先，劝业道是官职，这四品的官位从现有资料看来还都是通过科考入仕的，其中甚至有在翰林院任过职的，尤以张星炳为代表。劝业道大多通过科举或捐纳获得一定的官衔，大多是先考了个不太高的功名（如举人等），然后走捐纳之途而步步上升的，应该说是将两种途径结合了起来。同时他们还大多都有捐官的经历，其中最不“正宗”的读书人要算孙多森了，捐纳的次数最多。

其次，很多劝业道也有一定商人的身份，其中尤以直隶劝业道孙多森为典型，可谓集官商双重身份为一体的代表人物。

再次，劝业道的年龄，从现有资料中看来最年轻的当属任该职时才35岁的吉林劝业道徐鼎康，以及36岁的江宁劝业道李哲浚；最年长的当属曾任湖南劝业道的唐步瀛，时年已69岁；其余大多四五十岁，均属壮年之辈。

最后，这些劝业道来自五湖四海，相对而言来自东南经济发达地区的要略多一些，而只有陕西劝业道光昭是旗人。除直隶劝业道孙多森和四川劝业道周善培曾赴日本考察过实业或任过官职之外，其余基本一直都在国内。

（三）劝业道的经费、收入等

清末国库紧张，中央和官员都十分关注经费问题，劝业道的经费事项在章程中也是有规定的："劝业道办公经费应先就本省筹拨款项，并由农工商部、邮传部分别省份大小、事情繁简，两部筹给津贴，每年不逾二千两，分两季发给，由该道按季详请农工商部、邮传部请拨办公。"而实际上，除了占实际收入很小比例的年俸一般都按照所代替的道台标准发给（都是一百零五两）外，养廉银和办公经费则各省根据情况有所不同。据现有资料整理，详见表4-2所示。

表4-2 劝业道的正规收入

省份	俸银标准、实支及来源	养廉银标准	养廉银实支及来源	办公经费及来源	配员情况、役钱及来源	资料来源
湖南	一百零五两，司库地丁项	四千两	耗羡项	六千两，遇闰不加。厘金项		《申报》97册591页；亦见《政治官报》15册107页

续表

省份	俸银标准、实支及来源	养廉银标准	养廉银实支及来源	办公经费及来源	配员情况、役钱及来源	资料来源
山东	一百零五两，实支四十七两八钱一分九厘。裁撤粮道腾出经费项	四千两	二千四百六两四钱。裁撤粮道腾出经费项	一万一千两，遇闰不加。裁撤粮道腾出经费项	执事夫役三千两	《政治官报》13册241页
安徽	一百零五两，司库作正开支	三千两	八成，二千四百两。司库作正开支	四千两。司库作正开支		《政治官报》14册66页
云南	一百零五两，条丁项下开支	五千九百两	四千七百二十两。司库公件耗羡项	二千两。善后局照数实支入册	门子二名、快手二十名、皂隶十二名、轿伞扇夫七名、铺兵二名，每名年支工食银五两，共额支银二百一十两，按八成实支银一百六十八两。条丁项下开支	《政治官报》14册124—125页

续表

省份	俸银标准、实支及来源	养廉银标准	养廉银实支及来源	办公经费及来源	配员情况、役钱及来源	资料来源
广东	一百三十两，一百一两四钱七分四厘。各属解司地丁项	三千四百两	八成，二千七百二十两。司道库各官养廉项	一万两，丁随小费一千两；宣统二年八月改为一万六千两。善后局按月给发	门子四名、皂隶十二名、轿伞扇夫七名、铺兵二名、快手一十二名，每名每年支工食银六两，共银二百二十二两，遇闰加银十八两五钱。各属解司地丁项下动支	《政治官报》15册46—48页；108册101页
江西	一百零五两，南昌县地丁银内	三千两	司库在于各属解到地丁耗羡银内	参照湖北一万两，宣统二年十一月后改为每月九百两，遇闰照给。裁撤粮道公费改支	二百三十两一钱。南昌县地丁银内	《政治官报》20册254页；《申报》109册597页
浙江	一百零五两	三千五百两		一万两，后追加劝业公所八百二十两及电报费一千六百两。开办经费一千九百八十四元一角零四厘		《申报》102册344页、373页、756页，109册469页

续表

省份	俸银标准、实支及来源	养廉银标准	养廉银实支及来源	办公经费及来源	配员情况、役钱及来源	资料来源
福建	一百零五两			月给八百两，遇闰加增。司库支发		《申报》108册517页；108册275页、453页
陕西	一百零五两			七千两，遇闰加增		《申报》109册237页
直隶	一百五十两，后改为一百零五两，九十八两七钱。司库地粮银内	二千两	一千五十二两八钱，司库耗羡银内	一万六千八百两。裁并之工艺各局所原有款项内动支		《申报》107册441页、695页
吉林	一百零五两，九十九两三钱九分三厘	三千两	扣六分减平	九千六百两，实得九成，八千六百四十两，宣统二年八月后十成支给		《申报》108册307页
江宁	一百零五两			一万二千两，丁随小费一千二百两		《申报》108册323页

续表

省份	俸银标准、实支及来源	养廉银标准	养廉银实支及来源	办公经费及来源	配员情况、役钱及来源	资料来源
湖北	一百零五两			一万两，宣统二年四月后为一万四千两		《申报》109册591页
贵州	一百零五两	二千两	由裁撤之粮道腾出	津贴每月五百两，每银百两扣减平三两；宣统三年闰六月后改为公费，不扣减平遇闰加增。由裁撤之粮道腾出	有经费。由裁撤之粮道腾出	《申报》113册589页；《政治官报》8册324页

其余各省情况当相差不远。

从表中可见，虽然都是隶于四品的劝业道，俸银基本都是一样，但实际收入却有一定差别，因为固定的只有仅一百零五两的俸银，仅占其收入的很小一部分。在起收入决定因素的养廉银方面，最多的属云南劝业道，可高达五千九百两，扣除减平之后实支也有四千七百二十两，但其办公经费仅二千两；最少的居然是直隶，只有两千两，但其办公经费却是最高的，有一万六千八百两之数，平均每月都有一千四百两。

与清末政府其他官员一样，劝业道的无论哪项收入，除极少情况下，基本上都不是全数支给。并且由于劝业道是新政期间新添的官职，各省都没有先例，大体上是各省各行其是，甚至是比较混乱的，如办公经费基本上都远远超过章程规定的两千两之数；办公公费与经费和雇佣劳役的费用不分——有的地方分开发放、劳役统一安排，有的则一并发给劝业道由其自行安排。

基于此，最早设立劝业道的奉天到宣统二年（1910年）规定“凡本官服食、车马、仆从及个人酬应之需名曰公费，自科长以下员司、弁勇、夫役及一切杂支预备费等项名曰经费”[①]，将公费与经费划分开来。而中央商部则在宣统三年（1911年）正月规定京外各道公费“繁五千两，简四千两”[②]，这样计算下来，每省公费约四千到五千两之间，经费约在两千两至三千两之间，加起来共计在六千两到八千两之间。显然比起之前各省的办公经费数目基本上是减少了，对于直隶来说，几乎是减少了一半——八千两左右。但此时已是清政府统治的最后一年了，中央政府和各省督抚于风雨飘摇之中几乎是顾不上这样的事。不过通过上述政策可以看到，中央政府至少是想要统一以减少各省劝业道的费用支出的。

（四）劝业道的活动

劝业道作为地方官员，除了公务外，还要处理一些个人事务，主要是作为地方官应参加的地方活动。

1. 公务性应酬

曾担任过广东和奉天劝业道（后者并未到任即委署奉天交

① 东督酌定道府州县公费（奉天）[N].申报（影印本），1910-9-8，上海：上海书店出版社，1984：108册：629.

② 京外各官公费之标准（北京）[N].申报（影印本），1911-1-16，上海：上海书店出版社，1984：110册：614.

涉司）的韩国钧在其自传《止叟年谱》中叙到：

宣统元年（1909年）己酉五十三岁：……六月张制军调两江奉委署广东劝业道，二十六日接印任事，二十八日至礼乐局观歌舞，二十九日观农事实验场。七月初十日随长白春都统乘舟赴黄埔川东之波罗地方祭南海神新君登极例行之礼也，读昌黎南海神碑。十五日至广济医院会议安置秘鲁归国华侨事。十八日至白鹤潭迎新任制军湖南袁树勋海观。二十日奉旨简任奉天劝业道。二十一日奉派至香港迎海军大臣洵贝勒。二十五日随洵邸至黄埔阅水雷局、水师学堂，二时到省城。二十六日送洵邸，是日奉旨署奉天交涉司。九月十二日卸署广东劝业道篆务。①

韩国钧虽然任广东劝业道的时间很短，但这两个多月的活动却也颇具代表性。从中可看出，当时一位四品官员，交游活动着实紧繁。从该年六月二十六日至九月十二日，短短两个半月的时间中，重要公务性应酬就达八次。

2．筹备谘议局

在湖南谘议局的筹办中，鄂督“特饬司道公举熟悉自治人员充当选举研究所监督，闻藩臬学三司暨巡警道、劝业道、武昌各道已公举自治局坐办梅观察光羲充当斯任”。②当广东谘议局选举副议长时，劝业道也作为行政官员到场监督。③

---

① 韩国钧.止叟年谱[A].沈云龙主编.近代中国史料丛刊（第一辑第9册）[C].台北：文海出版社，1973：22-23.

② 各省筹办谘议局汇志[N].申报（影印本），1908-9-7，上海：上海书店出版社，1984：96册：431.

③ 粤省谘议局选举副议长详情（广东）[N].申报（影印本），1909-9-12，上海：上海书店出版社，1984：102册：817.

3. 恭迎、恭送玉牒

这主要是在奉天，光绪三十四年（1908年）九月二十九日的辕门抄曾记载：劝业道农务科二等科员邓纯昌禀知奉委恭迎玉牒大差扶捧官。[①]在《申报》上也有这样的新闻："（札知奉天）劝业道黄观察届时敬谨恭迎（玉牒）"。[②]

4. 迎接外地实业团体、组织参观等活动

宣统二年（1910年）四月，有个比较大的日本实业团到中国参观，"四月二十九日午后五时由京来汉，鄂督及劝业道之代表（等人）均至大智门车站欢迎"，[③]到五月初二中午由"劝业道高道台开宴会譙午后观武昌工厂学堂"。[④]

劝业道这些作为四品官员的日常活动，体现出劝业道虽然是新设的官职，但并不影响其行使官员的权利，也可反映出清末行政官员的一些日常生活。

二、劝业公所工作人员

劝业道下设劝业公所，其公所工作人员的任职资格，在增改细则中明确规定："高等、中等实业或路电等项学堂毕业之学生及曾办实业或交通事务却有经验人员，由劝业道禀准督抚分别任用，但开办之初得以不拘原官品级酌量差委。"也就是说，公所人员可以参用官员和新式学堂毕业学生，这正是新政之所以"新"的地方！

---

① 辕门抄[N].盛京时报（影印本），1908-9-29，沈阳：盛京时报影印组辑印，1985：8册：350.

② 札饬司道恭送玉牒（奉天）[N].申报（影印本），1908-9-10，上海：上海书店出版社，1984：96册：478.

③ 专电[N].申报（影印本），1910-5-3，上海：上海书店出版社，1984：106册：650.

④ 日本实业团行动之调查（汉口）[N].申报（影印本），1910-5-2，上海：上海书店出版社，1984：106册：621.

（一）劝业公所工作人员出身简况

中国传统社会一直以科举考试为入仕之途，到1906年清政府废除科举考试后，官员的来源成了问题。清末兴起的各项新式学堂的众多毕业生，有没有正当途径在停科举后入仕的呢？劝业公所的成立就在制度上明确规定了各科都要用这些毕业生，并且在实际执行中也是如此。在《宣统三年冬季职官录》中，除记载了各省劝业道道台的情况，还详细介绍了劝业公所人员的情况，包括其人名、所任职位、籍贯和出身（后两项部分直省没有完全记载），从中可以看到很多毕业生的身影。以下是根据该书、《最近官绅履历汇录》及其他资料（单独标出）整理的表4-3。

表4-3 劝业公所人员个人情况

省别	科别	级别	姓名	出身	省别	科别	级别	姓名	出身
山东	总务科	科长	芮畯	监生	山西	总务科	科长	赵延桐	监生
山东	农务科	科长	朱是	毕业生	山西	总务科	副科长	陈钟岳	举人
山东	农务科	科员	岑刚	监生	山西	总务科	科员	章耀	监生
山东	农务科	科员	程初鼎	优贡	山西	总务科	科员	王锡功	毕业生
山东	农务科	科员	张鸿辰	优廪生	山西	总务科	科员	陈裕	附监生
山东	工艺科	科长	萧方骏	拔贡	山西	总务科	科员	刘祖遹	监生
山东	工艺科	科员	孙维璧	廪生	山西	商工科	科长	徐光弼	附生
山东	商务科	科长	吴鹗	监生	山西	商工科	副科长	李浚之	附生
山东	矿务科	科员	汪懋森	监生	山西	商工科	科员	沈涞生	监生
山东	邮传科	科长	王世梅	监生	山西	商工科	科员	萧增秀	举人
山东	农务科	科长	郝鹏	山东高等学堂毕业生	山西	商工科	科员	吉廷彦	

续表

省别	科别	级别	姓名	出身	省别	科别	级别	姓名	出身
山东	工艺科	科长	张朱	山东高等学堂、东京宏文学院师范科及高等工业学校毕业	山西	矿务科	科长	陈逢熙	附生
福建	总务科	科长	李存谷	举人	山西	矿务科	科员	刘懋赏	举人
福建	总务科	科员	史鉴清	监生	山西	矿务科	科员	郭肇荣	毕业生
福建	总务科	科员	孙麟阁	举人	山西	矿务科	科员	杨永贞	毕业生
福建	总务科	科员	魏锡庚	举人	山西	邮传科	科长	唐景云	监生
福建	总务科	科员	章焕文	监生	山西	邮传科	副科长	庄清华	举人
福建	农务科	科长	邱中馨	学生	山西	邮传科	科员	高时臻	毕业生
福建	工艺科	科长	刘崇伦	毕业生	山西	邮传科	科员	耆龄	毕业生
福建	商务科	科长	陈培襄	毕业生	四川		科员	丁传绅	日本东京法政大学毕业生
福建	矿务科	科长	薛宗谟	毕业生	福建		科长	刘懋勋	留法海军制造毕业
浙江	总务科	科长	陈大昀	附贡	湖北	总务科	科长	权量	举人、留学日本同文书院、东京高等商业学校毕业生及留校教师
浙江	总务科	副科长	杨庆生	监生	湖北	总务科	副科长	徐养中	监生
浙江	总务科	科员	朱其选	监生	湖北	总务科	科员	沈家敏	监生
浙江	总务科	科员	蒋志培	举人	湖北	总务科	科员	崔捷勋	监生

续表

省别	科别	级别	姓名	出身	省别	科别	级别	姓名	出身
浙江	总务科	副科员	金秉彝	监生	湖北	总务科	科员	胡瑞霖	毕业生
浙江	农务科	副科长	吴槐绶	岁贡	湖北	农务科	科长	王卫	监生
浙江	农务科	科员	陈簋	毕业生	湖北	农务科	副科长	罗会垣	举人
浙江	农务科	副科员	荣棣源	举人	湖北	农务科	科员	周绍宗	
浙江	工艺科 矿务科	科长	许炳堃	日本东京高等工业学校毕业生①	湖北	工艺科	副科长	方述猷	监生
浙江	工艺科	副科长	李孝先	进士	湖北	工艺科	科员	陈志琅	监生
浙江	工艺科	科员	吴燕声	举人	湖北	商务科	科长	叶宜赟	监生
浙江	工艺科	副科员	徐继高	监生	湖北	商务科	副科长	吴福绥	监生
浙江	商务科	科长	陈训旭	举人	湖北	商务科	科员	胡瑞霖	日本法政大学毕业生
浙江	商务科	副科长	沈家熙	监生	湖北	矿务科	科长	李章鳄	附贡
浙江	商务科	科员	金梦龄		湖北	矿务科	福科长	梁以重	
浙江	商务科	副科员	汪钟业		湖北	矿务科	科员	周炽	廪贡
浙江	矿务科	副科长	陈鼎年	附生	湖北	邮传科	科长	邓寿椿	监生
浙江	矿务科	科员	颜本敦	毕业生	湖北	邮传科	福科长	陈毓湘	监生
浙江	矿务科	副科员	刘世恩	毕业生	湖北	邮传科	科员	王元善	监生
浙江	邮传科	副科长	郑衡	毕业生	湖北	邮传科	科员	胡先春	附贡、湖北法政学堂讲习科毕业生
浙江	邮传科	科员	吴善宝	监生	湖北	工艺科	科长	方毓桂	优贡

① 浙江巡抚增韫奏委中书许炳堃充劝业公所矿务科科长等片[N]. 政治官报（影印本），1909-9-29，台北：文海出版社，1965：26册：515.

续表

省别	科别	级别	姓名	出身	省别	科别	级别	姓名	出身
浙江	邮传科	副科员	石绍文	举人	湖北		科长	林大闾	东京高等工业学校毕业生、工科进士
浙江		科员	李景堃	京师大学堂奖给举人	奉天		佥事	胡宗瀛	东京高等师范学校、高等农业学校毕业
安徽		文案	姚东彦	上海高等商业学校、日本早稻田大学商科毕业生	奉天		佥事	徐廷爵	北洋大学、美国工业学校商科染织学校机织科学生
广西	邮传科	副科长	梁迈	肇庆法政讲习所毕业生					

（二）劝业公所工作人员出身情况简析

从表4-3可以明白看到，各省劝业公所约有几十人组成，其中有不少是新式学堂的毕业生，但似乎国内学堂的毕业生不多，留学生倒是不少。这应该是和时间有关，新式学堂大量兴办、发展的年限距离各省劝业公所的成立并不长，学堂水平的提高、学生的毕业和成长都需要时间。

从总体看来，劝业公所的人员组成还是以科考出身为主体，这应该是由于劝业公所合并了以前的矿政调查局、商务局、劝工局等局所，并容纳了这些局所的人员，而这些人员基本上还是旧式出身的。但是劝业公所毕竟已经开始在制度上和实际中参用学堂毕业生了。

从地域差异来看，内陆与沿海差异不太大。从全国各地劝业公所的人员组成来看，内陆、中部地区与东南沿海地区在任用毕业生方面并无明显差别，如浙江劝业公所共有23名工作人员，其中毕业生有6位，约占26%；“九省通衢”的湖北，其劝业公所有22个人，有毕业生5位，比例约有23%；山西劝业公所则有19名工作人员，毕业生有5位，比例也约为26%，地域差异不明显。

当然，劝业公所的成立时间不长，相信随着学堂毕业生，尤其是优秀毕业生人数的增多以及以前那些局所人员的逐渐退出，劝业公所里会有越来越多的新式学堂毕业生工作的。

（三）四川劝业公所人员情况及其分析

四川劝业公所人员的一些具体情况，可根据《宣统三年冬季职官录》之资料整理如表4-4所示。

表4-4　四川劝业公所人员情况

科属及职掌	职务	职衔	姓名	出身	籍贯
劝业道：统辖全省驿传事务	道台		王宗潼	进士	山东福山县
总务科：掌承办机要，议订章程，考核属员，编存文牍，收发经费，统计报告及实业、交通学堂各事项	科长	知县	胡开云		云南
	科长	知府	黄国元		湖北
	副科长	通判	张习		四川
	科员		陈其殷		四川
	科员	府经历	芮善		江苏
	科员		刘泳阁	监生	江西

续表

科属及职掌	职务	职衔	姓名	出身	籍贯
总务科：掌承办机要，议订章程，考核属员，编存文牍，收发经费，统计报告及实业、交通学堂各事项	科员	直隶州州判	李启英		贵州
	科员	盐茶大使	钟辉		蒙古正白旗人
	科员		缪蜀隽	附生	四川
	科员	主薄	李士清		四川
	科员	巡检	胡干亨		四川
	科员	县丞	陈炜		四川
农务科：掌农田屯垦、森林、渔业、树艺、蚕桑及农会、农事、实验场各事项	科长	同知	屈德泽		湖北
	科长	府经历	芮善		江苏
	副科长	中书科中书	祝鼎		浙江
	科员	云骑尉	吴瑞模		浙江
	科员	知县	庄荫莘		江苏
	科员	同知职衔	曾志沂		四川
	科员		林在南		浙江
	科员	盐茶大使	钟辉		蒙古正白旗人
工艺科：掌工艺制造、机器专利、改良土货、仿造洋货、工厂各事项	科长		常先		湖南
	副科长	同知职衔	曾志沂		四川
	科员	县丞衔	樊震		四川
商务科：掌商业、商动、赛会、保险及商会各事项	科长	府经历	芮善		江苏
	副科长		谢霖	举人	江苏
	科员		汪廷襄	举人	江苏
	科员	知县	陈熙敏		江苏

续表

科属及职掌	职务	职衔	姓名	出身	籍贯
矿务科：掌调查矿业、查核探矿开矿、聘请矿师及矿务公司各事项	科长	学部主事	孙海环		浙江
	副科长	知县	王淦		陕西
	科员	府经历	沈其桔		安徽
		直隶州州同	臧寿		浙江
邮传科：掌航业、铁路、轮车、电线及测量沙线、营治、埠头、厂坞，考查路线，稽核通运、行车并电话、电车、邮政各事项	科长	知府职衔	王佩文		浙江
	副科长	府经历	沈其桔		安徽
	科员	知县	冯厘扬		浙江
	科员	县丞	李培芳		贵州
	科员		王定熙	附生	四川
	科员	典史	陈仰祖		浙江

对上表简要析之，可看出如下问题。

1．在宣统三年五月，川省劝业公所中除道台外，共计32人。其中有4人身兼多职——芮善（任农务科、商务科科长和总务科科员）、钟辉（任总务科和农务科科员）、沈其桔（任邮传科副科长和矿务科科员）和曾志沂（任工艺科副科长和农务科科员），均为某科长兼任另外科室的科员。兼职人员占10%以上的比例，说明面对浩繁的新兴实业事务，人力资源还是稍显力有不逮；同时也说明，这一新设立的部门基本上还没有冗员之虞。

2．川省劝业公所中的人员基本为南方人，来自苏、浙二省者占41%，而本省人士仅占28%。尤其是商务科，4位人员俱为江苏人。查看他省劝业公所的情况，苏浙人士都不像川省这般占有如此高的比例。其原因较大可能是署理四川劝业道两年半之久（时日最久）的周善培为浙江诸暨人，自然在江浙有较多人脉关系；同时也与苏浙人士在经济、实业事务上较有才能有关。

3. 从总体出身看来，四川劝业公所的人员组成虽然仍以科考者为主体，但已有归国留学生（尤其是留日学生）和新式学堂毕业生的身影，共有5人，占比为16%。他们的具体情况如下。

①屈德泽。其于“1899年考入日本东京帝国大学农科，修业六年，应殿试、奖农科举人及二等嘉禾章”。毕业回国后被任命为湖北省高等农业学堂“坐办”，主管教学工作，1907年赴四川奉节任知县，后主办川省农桑讲习所所长。[①]

②谢霖。其于光绪三十一年（公元1905年）东渡日本早稻田大学，先习法律，后攻商科，获硕士学位，宣统元年（公元1909年）学成归国，次年清廷开考经济特科，谢霖被录为商科举人，派到四川总督衙门任文案委员。[②]

③孙海环。其于光绪二十二年（1896年）入上海中西书院习英文，次年入北京国子学，旋转同文馆习日文，1901年官费赴日本留学，入成城学校，后考入大阪高等工业学校，攻读采矿冶金专业。期间与周世棠合编《二十世纪中外大地图》，于1906年学成归国，先后任奉天（辽宁）矿政局参事、会办、湖北省矿政局专办、农工商部矿务议员等职，于1908年任四川总督府矿务参议兼劝业道矿务科长。

④祝鼎。其于1898年3月至1900年6月就读于杭州蚕学馆（今绍兴市农业学校），乃该校的第一批毕业生。

① 宜昌市夷陵地区政协文史资料委员会编.夷陵风云人物[M].内部发行，2004：160.

② 四川省地方志编纂委员会编.四川省人物志（下）[M].成都：四川人民出版社，2001：886.

⑤曾志沂。其在1906年10月朝廷赐授游学毕业生学职被授予中等同授举人。

此时距离清末停科举有5年左右，身处内陆之川省已在制度上和实践中参用新式学堂毕业生了，且不是应付制度的点缀之举，并被后续之政府所沿袭。可以预见，随着新式教育者增加以及以前旧式局所人员的逐渐退出，劝业公所里会有越来越多的新式学堂毕业者。这也是清季转型之大流。此外，既往研究多注意清末新式毕业生的创业或进入企业工作之经历，而从劝业公所的情况看来，他们还进入了政府工作，参与到工商业的行政管理工作中。这可以丰富其人生经历之面相。

（四）新式学堂毕业生入劝业公所的工作意愿

那么学堂毕业生是否愿意在劝业公所里工作呢？从现有资料看来，毕业生们的工作意愿十分踊跃。

自奉天劝业道、劝业公所及其他各局所设置以来，“（各省）学堂毕业生来奉投效者络绎不绝，虽经本道考验分别去留，业已人浮于事无可安插，所请考用之处应毋庸议”。[①]某农学堂毕业生向劝业道禀告，愿意投效，而劝业道批示“悉此时各局所员额已满，投效人员无可位置，该生既曾肄习农学，仰候需用时再行传知”[②]，类似的批示还有很多。甚至连练习（类似于现在的实习）员额都很紧缺，法政毕业生刘桐想到奉天劝业公所练习，劝业道批示：“悉本署法政毕业练习人员额数已满，别无相当位置，所请碍难照准。”还劝慰这些毕业生“奉省

① 劝业道批示[N].盛京时报（影印本），1908-6-16，沈阳：盛京时报影印组辑印，1985：7册：363.

② 劝业道批示[N].盛京时报（影印本），1908-11-23，沈阳：盛京时报影印组辑印，1985：9册：188.

物价翔贵，旅居不易”，最好早日归家。[①]

当然，当遇到名牌学堂的毕业生时，劝业道还是会多加考虑和优待的。如到了宣统元年（1909年）二月，直隶高等农业学堂肄习毕业生张世林前来投效，劝业道还是批示“着即呈验文凭以便核夺”[②]，没有断然拒绝。还有曾在东京宏文书院及理化专科毕业的周广乾“情愿在奉效用”，劝业道“着先将历校所得文凭呈验再行酌夺”[③]，也有愿意聘用的意思。

奉天的情形如此踊跃，其他地方应该也是相差不远。当时的社会环境也对于能进入劝业公所工作是比较正面赞扬的。时人徐润在自己的《徐愚斋自叙年谱》[④]中写道：

> 是年（光绪三十四年）峙高姪以四川知县同知进京引见，改指分发河南试用。峙高姪为先四叔荣村公之孙，颂如从弟之次子也，读书不成名乃援例报捐知县，指分四川，署理绥定府大竹县知县事，历充四川军医学堂监督、陆军速成学堂提调、洋务局等差。本年奉护理川督赵给咨赴引，旋改指河南省试用，现充河南劝业公所矿务科科长。殆亦以异途显者也。

一个“显”字显示出当时人们对在劝业公所里工作的官员还是颇为羡慕的。

---

① 劝业道批示[N].盛京时报（影印本），1909-11-28，沈阳：盛京时报影印组辑印，1985：13册：197.

② 劝业道批示[N].盛京时报（影印本），1909-2-26，沈阳：盛京时报影印组辑印，1985：10册：161.

③ 劝业道批示[N].盛京时报（影印本），1909-3-24，沈阳：盛京时报影印组辑印，1985：10册：319.

④（清）徐润.徐愚斋自叙年谱[M].南昌：江西人民出版社，2012：165.

（五）劝业公所的办公经费和个人收入情况

劝业公所的办公经费，有的省如江西，由农工商部统一拨给两千两“调查费”[①]，但很多地方将劝业道办公经费与劝业公所的办公经费混在一起的，且各省实际办事情形不同，公所的具体经费数目不一样是正常的，总之不会低于两千两，最高也不会超过万两之数。

至于科长、科员个人的公费，清廷在宣统三年（1911年）正月规定“督抚司道各科员公费，科长月支八十两，副科长月支六十两，一等科员月支五十两，二等科员月支四十两，三等科员月支三十两”。[②]

至于这些人员的品秩，在官制的增改细则中也有明确规定：“科长秩视六品、副科长秩视七品、科员秩视八品”，表明他们是货真价实、名副其实的官员。他们的薪金也应该是按照这个标准发放的。据安东兴凤道署分科后“一等科员月薪八十两、二等六十两、三等四十两，一等书记月薪二十两、二等十六两、三等十二两，惟总务科长月薪一百三十两”[③]的标准看来，各地劝业分所的科长、科员的月薪比较符合中央章程的要求。此外，他们还有津贴。奉天劝业道就在光绪三十三年（1907年）十二月在所有科员中“择尤为得力者每月每人酌加津贴银二十两”[④]，可见其津贴至少不会低于二十两之

---

① 江西巡抚冯汝骙奏裁撤粮道踌议巡警道、劝业道事宜摺[N].政治官报（影印本），1909-3-12，台北：文海出版社，1965：20册：254.

② 京外各官公费之标准（北京）[N].申报（影印本），1911-1-16，上海：上海书店出版社，1984：110册：614.

③ 安东·道署分科办公[N].盛京时报（影印本），1910-10-19，沈阳：盛京时报影印组辑印，1985：17册：37.

④ 奉天·科员酌加津贴矣[N].盛京时报（影印本），1907-12-22，沈阳：盛京时报影印组辑印，1985：5册：359.

数。他们的收入根据前面提及的“显”字，在当时的社会中应该算是不错的，否则也不会有那么多学堂毕业生争相到劝业公所求职了。

三、劝业员（矿务委员）

分析了劝业道和劝业公所里的人员，那么遍及县乡的劝业员又是由什么人来担任的呢？对此细则中规定：“劝业员得参用本地士绅，由该地方官采取舆论素孚廉能公正者详请督抚照章考取委用。”

（一）劝业员的出身

在实际中，各地也主要是选用本地士绅来担任该职的，如前所提及的浙江山阴、泰顺和四川各地。在《东方杂志》的“社说”中，时人也言“今州县佐治各员唯劝业、视学始准参用本地士绅”①。

劝业员是地方佐治之官，对于其任职资格，四川劝业道周善培在给南部县的札中这样要求：

> 第一，兴办各种实业不能不经手募集股本、劝导筹款，必其人略有产业方能见信，如是则不能以寒畯充选。第二，凡有以农工商矿各事请于本道者皆必饬由劝业员覆查，而据其言以为判断，则必其人深明公理、具有公德，乃不致颠倒是非、破坏公益，如是则不能以刁劣充选。第三，劝业员需提倡一切实业，则必其人老成著望

① 蛤笑.书总核官制大臣改订外省官制摺后（本社撰稿）[N].东方杂志（第4年 第11期）.上海：商务印书馆，1907：198.

而不劣迹，乃不致为人所轻、发言无效，如是则不能以少年充选。其选之难如此！近闻各省奉文之后多由一二当局绅士随意推荐，地方官既不稔知其人，亦不延见叩问，但凭荐禀遽为申送，并未计及劝业之职关系如何重要，所举之人究竟从前资望若何，将来能否任事？名实相违，事甚可虑。……（仰该县）必先接见之后始准加具详细考语申送，不得率具荐者之言，漫录无关痛痒八字虚考。①

从上段资料可知，劝业道对劝业员是很关注的，要求也很高；虽然在札中没有要求一定要申送“绅士”担任劝业员，但其实际条件却都是围绕当地比较有权威、资产也比较雄厚的绅士提出的。当四川大宁县县令赵维城“不按选格，仅据文生李丕宣一禀，即以全无资格之文童田朗齐选充劝业员，殊属有心玩视，应将该令记大过二次”②，可见对于劝业员任职资格的要求是比较严格的。

（二）劝业员的品秩

虽然劝业员任职前是“绅”的身份，章程中也并没有规定劝业员的品级，也就是说，劝业员不是正式的官员。但一旦他们成为劝业员后，也与一般的绅有所区别。

宣统二年（1910年），由于以往在劝业员与地方官禀陈与答复中，劝业员自称“绅”，而地方官自称“父台、公祖”，川

① 通省劝业道周工房呈具禀阜县遵札设立派出所并选定理事付理，禀情察核照会饬充的禀文[Z]. 南部县档案.20目134.

② 四川通省劝业道周工房呈奉总督部堂赵批据大宁县申送劝业员王元视选格应将该县合赵维城记大过二次仰该县即便知照的札[Z]. 南部县档案.20目11.

督赵尔巽认为此种称谓混淆了行政，即令劝业道周善培另拟称谓，周就此答复：

> 参以省章，劝业员应受地方官之指挥监督，拟请嗣后地方官对于劝业员应自称“监督”，称该曰“劝业员”；该员对于地方官仍称之曰“监督”，自称仍曰“劝业员”。勿论文书口头、对上对下，均各循此称谓，不准再用“该绅”及“父台、公祖”等名目，庶使名实交符、职权各尽。[①]

这样不同的两种称谓，说明劝业员确实是由当地士绅担任，也说明在担任了劝业员之后，这些绅的社会地位发生了变化，同一般与“官”相对的“民”不一样了。

对于劝业员求见地方官，劝业道规定：“今后劝业员因公晋谒，地方官应即接见，当办者立予赞助、不当办者可予驳斥，万勿推诿贻误事机”[②]。对于二者之间的来往公文，劝业道根据井研县劝业员吴亮工的禀请，札饬各属“地方官为行政监督，凡有劝业员牍呈自均应一一裁复……答复语气须与牍复相合，不得如寻常批答，庶几简不失礼”[③]。这些规定对劝业员的政治地位、社会地位不啻是一种提高。

上面说的是已经设立了劝业员的地方，在还没有设立该职的地方，没有设立的原因有些似乎在于当地督抚想用新式学堂毕业生来充当该职，而当时该地还没有合乎要求的毕业生。如在广西，巡抚张鸣岐于宣统元年（1909年）上奏：

---

① 四川劝业道周工房呈奉督宪批准本道拟议各地方官及各劝业员称谓抄发原详饬属遵照的札[Z]. 南部县档案.21目482.

② 四川通省劝业道周工房呈为通饬今后劝业员因公晋谒地方官应即接见，当办者立予赞助、不当办者可予驳斥万勿推诿贻误事机的札[Z]. 南部县档案.21目481.

③ 四川劝业道周工房呈据井研县劝业员吴亮工禀请拟用付呈等情颁发付呈及答复式样饬属遵用的札[Z]. 南部县档案.22目355.

> 广西开办农林试验场，业于光绪三十四年奏报在案，惟交通不便、民智尤陋，试验所得无由家喻户晓，拟明年（宣统二年）开办中等农业学堂。先设预科，以试验场并入学堂，俾资实习。查奏定直省新官制劝业员一项，可用本籍人员，拟俟此项学生毕业即专用为劝业员，此为治本至计。[①]

此时已是大清帝国的最后两年了，学生自入学到毕业还需年限，自然该地是没有设立劝业员的了。但是说明劝业员的任命有用毕业生的趋势，只是时间所限而没有成为现实。

（三）劝业员的收入

至于劝业员的薪水，据巴县档案《四川劝业道周工房呈据中江县详称劝业员刘懿光将三月薪水银捐入农商会传谕嘉奖的札》中的“三月薪水六十两”看来，劝业员的月薪应该是二十两。[②]

除薪水外，劝业分所也是有办公经费的，该项经费不是由省城劝业道或者当地地方官拨给，而是“筹集”——从捐款、厘税等收入中挪出的部分。在巴县，该县劝业“分所至昨年成立未将常款筹定，只就县案罚款支拨至今年，数月亦然”，据巴县劝业员上报，到宣统二年（1910年）七月，该分所用去公费二万九千三百三十二文；但自该月起，“由益学公质店每年认定□六十千文，按月缴县，六月内始认定，尚未收入”。[③]看来劝业分所办公经费的筹措难度很大而且极不固定。

① （清）刘锦藻编纂.清朝续文献通考（卷381，实业4）[M].北京：商务印书馆，1955：考11279.

② 四川劝业道周工房呈据中江县详称劝业员刘懿光将三月薪水银捐入农商会传谕嘉奖的札[Z].南部县档案.21目125.

③ 四川通省劝业道札饬各属办理实业事项所需经费入款的调查表式及巴县劝业分所遵饬填报案卷[Z].巴县档案.光财二.劝工局19.

第五章　劝业道的职能及事务

随着清末社会飞速转型，各类新兴事业层出不穷，实业又是站在时代最前沿的标记。劝业道总管全省实业，事务繁杂，更要面对各种新兴事业。劝业道作为管理实业的地方要员，领导着劝业公所实施了很多振兴实业的举措。这章对其职能及事务做一清理，以期对劝业道的官职有一个全面了解，也从中折射出晚晴社会转型之一隅。

一、劝业道及劝业公所职能概要

对于劝业道的权限和职能公务，章程及细则中规定“各省应行兴办农工商各实业以及推广船路邮电等事劝业道应先详细调查呈明农工商部、邮传部及本省督抚设法筹办，并有督饬地方官切实奉行及考察勤惰之权”；“地方办理农工商业各员绅除奏派大员外，均归劝业道管辖，其关于农工商业之学堂、公司、局厂应随时稽考，将办理情形汇报农工商部及本省督抚”；“农工商部、邮传部将来在各省特设专局章程载明右劝业道兼辖者应按照定章切实筹办”；“各省原设之农工商矿各局所应办事宜均归劝业道管理，其原派员绅应由该道体察情形详明各省督抚分别裁并，以一事权”；“关于农工商业及交通事务应设地方各项局所由劝业道禀明筹设，剳派员绅经理”；“各省关于实业及交通之学堂、公司、局厂，除由农工商部、邮传部及督抚奏派大员特办者外，劝业道均应随时考察”；“各省所设农会、商会等项，劝业道有劝导稽查之责，其各省原设之招商、矿路、电报、邮政等局以及商办之铁路公司一切事宜，劝业道应会同筹商督饬保护”。

此外，到宣统二年（1910年）七月，政府将各省按察使改为提法使，并将按察使原管的驿传事务移归劝业道管理①。其后各省督抚纷纷上奏，汇报已经将驿传事务移交劝业道管理了，如《河南巡抚宝棻奏驿传文件款项改归劝业道收管片》《安徽巡抚朱奏按察司旧管驿站文件移交劝业道片》等等。

总之，劝业道管理地方的一切实业。基于此，劝业公所也分成了六科，分科对各项实业进行管理。为了振兴实业，更好实施对实业的管理，劝业道做了很多实际工作。这些振兴实业的举措，有的是在劝业道设立之前中央和各省地方官已经开始实施了的，而劝业道或扩大其规模，或提高其水平；有的是其他地方有而本地没有兴办的，劝业道则积极筹款在当地创办。

二、举办社会救济事业

社会救济事业具有两面作用——既作了慈善，又能挖掘新的劳动力。对此，各省劝业道都非常积极。

（一）贫民习艺所、贫民工厂及贫民苦工厂

这些都是专为贫民设立的场所——习艺所供其学习各种工艺技术，工厂则为学有所成者提供工作以养活自己。由于经费

① （法部）又奏各省驿传事务应由提法使移归劝业道管理片[N]. 政治官报（影印本），1910-12-13，台北：文海出版社，1965：41册：202.

问题，一般由原有之劝工院、工艺所等改建而成。浙江于宣统二年（1910年）在杭州设立该项机构，"经劝业道董季友观察禀商中座（指浙江巡抚），先就下城区龙兴寺旧有工艺所酌量修葺，将次竣工，全所办事人员亦均遴派妥洽。现闻禀商抚宪，择期四月初一日成立开幕"；该所经费由"司局尅期迅筹"。①湖北也于同年在汉口将劝工院改办为贫民工厂："经鄂督饬照部章改办贫民大工厂，所有劝工院收支事宜责成劝业道高松如清理"；其工作人员，为节约经费则由原有的十八名减至三名；"其余工匠艺徒丁役人等悉行遣散，俟赴津调查贫民工厂专员马孝廉鸣谦回鄂规定宗旨再行选用"②；其经费，除官府拨款外，鄂督还"劝谕商绅各界筹款"。③其余各省如奉天、直隶也设有，宣统二年（1910年）东三省总督锡良在《奏办理农工大概情形》一摺中说："奉省游民众多，易为盗贼，饬由民政司、劝业道拟定简易筹款办法，饬各属筹办贫民习艺工厂各一所，以消纳游民、振兴土货。"④而在四川，贫民工厂不仅在省城设有，在州县也设有，南部县就在宣统三年（1911年）成立了该项工厂，其经费源于拨款和"将预顶瘾丸加价余款免缴，留充该厂经费"，所有事项，由劝业道周善培禀明川督。⑤

---

① 催解教养贫民要款（杭州）[N].申报（影印本），1910-3-16，上海：上海书店出版社，1984：105册：886.

② 劝工院改办贫民工厂（汉口）[N].申报（影印本），1910-8-24，上海：上海书店出版社，1984：108册：422.

③ 鄂督催办贫民大工厂（湖北）[N].申报（影印本），1910-12-3，上海：上海书店出版社，1984：110册：38.

④（清）刘锦藻编纂.清朝续文献通考（卷378，实业1）[M].北京：商务印书馆，1955：考11246.

⑤ 四川劝业道周工房呈奉督宪批准该县创建贫民苦工厂落成日期报销建筑经费筹定常年经费拟具章程并准将预顶瘾丸加价余款免缴留充该厂经费的禀状[Z].南部县档案.22目128.

此外民间也有自请办理的要求，如“同善堂习艺所招收贫民分科习艺”等，但也要经过劝业道的同意，并提供保护及资助。王笛先生在《1870—1930成都街头文化研究》一书中还出示有当时成都贫民习艺所的内部情况照片，所内显得井然有序，很多女工正在学习绣花。

（二）失业教养工厂

失业教养工厂的性质及功能与贫民工厂相近，只是其针对的对象是失业游民。在实际中，失业工厂往往与贫民工厂交织在一起。四川劝业道周善培曾“札饬失业游民教养工厂经费务必节省，通饬各县遵办”。关于其经费的筹措，“各自治会成立已多，或委诸自治会筹办，或招集绅商捐助办理”。[①]可见这类工厂主要还是官劝商办，其功利性和营业性也和一般的纯以赚钱为目的的商办工厂不一样，带有一定慈善救助性质。

（三）工艺传习所及工艺厂

这是向贫民及各类失业人口传授工艺技术知识的地方，学成之后可进工厂就业。工艺传习所综合了贫民习艺所及失业游民教养工厂等其他传授工艺知识的场所，规模也比前两者大得多，是清末“以教代养、教养兼施”救助措施的主要实现方式。[②]此外工艺传习所还负有检验各项机器及工艺新品、发明的任务，并且劝业道、农工商部一般以此为依据决定是否给予发明人专利及专利年限。

---

① 四川劝业道周工房呈为札饬设立失业游民教养工厂经费务必节省通饬各县将遵办情形禀复的札[Z]. 南部县档案.22目115.

② 彭南生.晚清无业游民与政府救助行为[J]. 史学月刊，2000（4）：48-55.

工艺局所的普遍推广是在“新政”时期，从光绪二十八年（1902年）开始，清政府中央及各省、府、州、县掀起了一股创办工艺传习机构的热潮。这一年，商部在北京设立了京师工艺局，以“树全国艺事之模型，为各省劝工之倡导，现招生徒五百人，分隶各科，责成工师，认真指授，就所学之难易，分别二年一年毕业”，同时“局内附设讲堂，对学徒授以普通教育，常有学生自愿入学”；学徒毕业之后，除本局留用外，“准由顺直各属聘用”。具体开设情况可见“农工商部工艺局概况（1904—1908）”统计表。[①]

此外还设立了专门为八旗子弟开办的工艺传习机构，如光绪三十四年（1908年）在北京设立的首善工艺厂，学徒都来自八旗子弟，还有湖北荆州、陕西、锦州等地也设有八旗驻防工艺传习所。东三省还设有八旗女工传习所，“分设四科，裁绒、编物、缝纫、刺绣，并附讲堂教授普通学科以宏教育”。[②]今天的华南理工大学在1952年合并的广东工业专科，其前身就是广东劝业道于宣统二年（1910年）主办的广东工艺局。

至于其在检验新品方面的作用，当奉天孟祥吉呈验某项新发明时，劝业道批示：“尔等于创造机器果否确有心得能适于用，候饬工艺传习所传见考验核夺。”[③]又如商人李守谦等将各项机器运到奉天，禀请查验，劝业道亦“饬工艺传习所查验复夺”，“究竟能否利用，候饬工艺传习所逐细查验绘图贴说具

① 彭泽益.中国近代手工业史资料（1840—1949）（第二卷）[M].北京：中华书局，1962：511、509.

② （清）刘锦藻编纂.清朝续文献通考（卷384，实业7）[M].北京：商务印书馆，1955：考11312.

③ 劝业道批示[N].盛京时报（影印本），1908-6-20，沈阳：盛京时报影印组辑印，1985：7册：387.

复察夺”。[①]江西省的工艺厂原“由南昌府衙门主管一切，现经当道会议，详准冯中丞，即归劝业道傅苕生观察督理，以一事权”。[②]而奉天小河沿工艺传习所在改归教育会接办后，改名为“惠工厂”，将“所存物品开列号签出售彩票”，并在当天由劝业道宣明开彩情形及开彩宗旨[③]，以提高人们的参与及购买热情。

各省劝业道都在当地扩大或兴办了这样的机构，并且还将其尽力延伸至州县地方。为贫民和失业游民提供了就业机会，也有利于社会的安定。

三、兴办改良实业的场所

要与洋货争利，不能指望洋货降低水准，而是必须提升国货的质量。为此，各省劝业道可谓绞尽脑汁，想尽一切办法提高国货（土货）的质量，并降低其成本，以与洋货争夺市场。

（一）农业试验场（或名农事试验场）[④]

当时中国的主要经济产业还是农业，所以各地劝业道首重农业的改良。农业试验场（或名农事试验场）是进行各种农业科学试验和经营、农业技术改良，以及供农业学生调查、实习和做试验的地方。试验场聘请技师和老师，引进、试验、改良

① 劝业道批示[N].盛京时报（影印本），1908-8-7，沈阳：盛京时报影印组辑印，1985：8册：176.

② 工艺厂归并劝业道主管[N].申报（影印本），1910-4-15，上海：上海书店出版社，1984：106册：358.

③ 奉天·惠工厂开彩志盛[N].盛京时报（影印本），1910-3-24，沈阳：盛京时报影印组辑印，1985：14册：320；奉天·惠工公司开彩[N].盛京时报（影印本），1910-3-25，沈阳：盛京时报影印组辑印，1985：14册：323.

④ 吴春梅.清末新政时期的农业改革[J].中国农史，1999（3）：43-47；吴祖鲲，富萍.东北近代农业发展的经验与教训[J].长白学刊，1998（3）：61-65.

新品种、新农具等，并向农民宣传推广这些试验过确实有效的良种、良具。有的试验场还附设农业讲习所和林业讲习所或农业学堂，如广东、奉天等地，是农业改良的先锋。

这样的试验场不仅设立于省城，在一些府厅州县也有。光绪二十八年（1902年）直隶和湖北率先设立了农事试验场；到宣统三年（1911年）仅四川就有农事试验场74处，规模较大的农事试验场，全国约有20余处。宣统元年（1909年），贵州巡抚庞鸿书上《奏设农事实验场片》《奏筹拨创办农事实验场等经费片》两摺[①]，在与该省劝业道向步瀛筹商之后，决定“先就省城附近设一农事实验场”，至于其创办经费，从“粮储款内就余米变价项下拨银十万两，发交劝业道核收，以为创办一切之需”。

东三省为农业大省，其相关资料遗留也较为丰富。吉林开办农事试验场时，东三省总督徐世昌批示劝业道：“江南龙王庙官地既据查明局势宽阔，应即作为农事试验场，并如所谓请以胡主事宗瀛派为该场监督。”[②]宣统三年（1911年）工人赵玉清仿造洋犁、角楼各一件并在商品陈列所陈列，禀请劝业道希望领回时，劝业道批示：“查所仿造上项农具，前经农业试验场考验虽可适用，惟单开工料价洋比较购自外洋犹贵，难以行销，尚须详加研究，诚经价值方可冀农民购用。”[③]奉天东塔旁之农业试验场曾因添设农务中学而禀请劝业道要求修建马路[④]。在涉

① 贵州巡抚庞鸿书奏设农事实验场片、奏筹拨创办农事实验场等经费片[N].政治官报（影印本），1909-7-21，台北：文海出版社，1965：24册：351-353.

② 吉林开办农事试验场[N].申报（影印本），1908-4-29，上海：上海书店出版社，1984：94册：358.

③ 劝业道批示[N].盛京时报（影印本），1911-7-6，沈阳：盛京时报影印组辑印，1985：20册：26.

④ 奉天·农业试验场□修建马路[N].盛京时报（影印本），1911-7-15，沈阳：盛京时报影印组辑印，1985：20册：69.

及试验场经费问题时，也要经过劝业道，奉天谘议局“议将农业试验场之人员经费酌量裁减……已经将所拟章程办法缮成督宪，请札饬劝业道转饬该场遵照办理云”[①]。其工作人员的任命和撤换问题，也涉及劝业道——宣统三年（1911年）八月有个日本教员要辞差，由交涉司“咨请劝业道将该员之薪水如数清算送司”，[②]以便其辞差。当农业学堂的毕业生吴富华要求去天津工场肄业时，该学生也是上呈劝业道，而劝业道批答“查奉天农业学堂学生学膳等费均系由官家筹给，毕业之后自应留奉效用以尽义务”，虽然如此还是没有断然拒绝其要求，“姑候札饬农业试验场核议具复核夺”。[③]当然更多时候是毕业生要求到试验场效劳，而名额却已经满了。如直隶农业毕业生赵学贞禀劝业道，愿意投效，劝业道批示“悉查八旗农学各员暨农业学堂两次毕业各生尚多赋闲，人浮于事，所请投效之处碍难照准”。[④]试验场成绩也是由“分场监视员等将春季播种之各项杂粮及栽培之各种植物、秋收成绩一一填入表册，赴省呈送劝业道查阅”。[⑤]关于奉天农业试验场的情形，可参看《东三省政略·纪奉天农业试验》。[⑥]

在江浙，《申报》上曾登过一篇新闻《浙省清理财政上二大

① 奉天·农业试验场裁员减薪之办法[N].盛京时报（影印本），1910-11-23，沈阳：盛京时报影印组辑印，1985：17册：237.

② 奉天·农业试验场日教员辞差[N].盛京时报（影印本），1911-8-29，沈阳：盛京时报影印组辑印，1985：20册：309.

③ 劝业道批示[N].盛京时报（影印本），1908-2-23，沈阳：盛京时报影印组辑印，1985：6册：233.

④ 劝业道批示[N].盛京时报（影印本），1910-2-2，沈阳：盛京时报影印组辑印，1985：14册：86.

⑤ 奉天·呈报农业实验之成绩[N].盛京时报（影印本），1910-9-14，沈阳：盛京时报影印组辑印，1985：16册：293.

⑥（清）刘锦藻编纂.清朝续文献通考（卷380，实业3）[M].北京：商务印书馆，1955：考11269-11270.

问题》，其中明确说明农事试验场是属于劝业道衙门管理的。[①]浙江农事试验场也是宣统三年（1911年）由劝业道董元亮在杭州郊区笕桥设立的[②]。在四川，农业实验场由劝业道主持，于宣统元年（1909年）“在省城南门外购地设立”[③]。对于改良土货等事，劝业道不仅扩大及设立农业试验场这样的专门场所，对于某地之特产也常有札饬，劝谕当地施行改良。湖北襄阳府下属之均州、光化、谷城等县都是产烟叶的地区，“今年产数顿不如前，而制作亦复不精……刻劝业道高佑诸观察以现在整顿实业之际，未兴者尚宜竭力谋维，已成者自应设法整顿，特札饬该州县迅速将向来种植培护情形据实调查明晰详报，以便研究改良之法”。[④]

（二）蚕桑或桑蚕传习所（包括茶务传习所）

丝、茶两业历来是中国的特色产品。各产丝地区基本普遍成立了蚕桑或桑蚕传习所。该所是教授栽桑养蚕取丝知识的官办机构，对学习人员进行培训，以使其获得蚕桑知识，或者培养专业蚕桑人员。其他类似的还有在四川、湖北、南京、安徽祁门、福建、广东、浙江等地设立的茶务讲习所[⑤]、茶叶研究会[⑥]、茶

---

① 浙省清理财政上二大问题[N].申报（影印本），1911-6-25，上海：上海书店出版社，1984：113册：318.

② 汪林茂. 浙江辛亥革命史料集（第7卷 辛亥浙江光复）[M]. 杭州：浙江古籍出版社，2013：386.

③ 四川通省劝业道周工房呈本道详呈准在省城南门外购地设立农业试验场，现已办理，札仰该县即便知照的札[Z].南部县档案.20目186.

④ 劝业道谕饬改良种烟田亩（武昌）[N].申报（影印本），1909-9-16，上海：上海书店出版社，1984：102册：882.

⑤ 札查各属茶业情形（广东）[N].申报（影印本），1910-3-26，上海：上海书店出版社，1984：106册：70.

⑥ 茶业研究会奉准立案（福建）[N].申报（影印本），1911-4-28，上海：上海书店出版社，1984：112册：442.

叶研究所[1]、茶务研究所[2]，武昌的水产讲习所[3]等。当然，为了既扩大规模又节省经费，也鼓励并保护州县地方乡绅集资开办。

四川乃产丝要地，在四川省城，劝业道“因调查各属蚕桑传习所教法不一、成绩不良，推原其故，皆由难得相当教员所致，特在省城筹办通省蚕桑师范讲习所”，并要求各州县按照章程选取学生伸送来省，“并遵照第十六条应缴学费数目每人由官筹给半费”；[4]甚至要求各地方上的寺庙“派选本庙僧道，年在十八岁以上、三十岁以下、粗通文理者，入所学习一年，毕业即可为各寺庙专办栽桑养蚕取丝各事……每名每年例缴学食宿费七十二元，本道为提倡寺庙种桑，特予减费……只缴银六十元以示体恤”[5]。在四川南部县，则开办了“官立筒式蚕桑传习所”，劝业道还札饬该县“督同所长教员认真教授管理”[6]，并要求“速将筹办桑蚕传习所情形禀复以免贻误蚕期”。[7]时至今日，丝织业仍是南部县的特色产业。在巴县，也同样开办了这样的传习所，该县的“裕蜀蚕桑传习所”是由当地留学归来的

① 谕饬筹办茶叶研究所（武昌）[N].申报（影印本），1910-1-14，上海：上海书店出版社，1984：104册：832.

② 组织茶务研究所情形（浙江）[N].申报（影印本），1910-5-18，上海：上海书店出版社，1984：106册：888.

③ 水产讲习所将开办（武昌）[N].申报（影印本），1911-2-26，上海：上海书店出版社，1984：111册：406.

④ 四川通省劝业道周工房呈为筹办通省蚕桑师范讲习所札仰该县照章选取学生三名于八月十日以前申送来省勿误的札[Z].南部县档案.20目182.

⑤ 四川通省劝业道周工房呈为行知各寺庙派选本庙僧道选送一人入省城蚕桑讲习所学习栽桑养蚕取丝的晓谕通知[Z].南部县档案.21目167.

⑥ 四川通省劝业道周礼房呈奉督宪批据该县申报官立筒式蚕桑传习所接开二班日期及添筹经费数目等情札饬督同所长教员认真教授管理的札[Z].南部县档案. 21目778.

⑦ 通省劝业道周工房呈为札催限文到三日内速将该县筹办桑蚕传习所情形禀复以免贻误蚕期的札[Z].南部县档案.20目174.

乡绅彭祖贤等人集银一万四千两开办的，并由劝业道饬该地方官出示认真保护。[①]官方兴办的传习所直接归劝业道管理，“各属蚕桑传习所一切教科办法应归本道直接指挥，嗣后关于各属蚕桑传习所应秉承本道或本道有饬办文件应即径禀本道”，[②]甚至“各县所有蚕桑传习所、公社农务局处应用丝车，一律赴本道衙门领用”。[③]该所的办事报表，一律通过劝业分所呈报劝业道衙门。[④]对于“裕蜀”等商业性质的传习所，劝业道也要求当地劝业员“和衷共济协力进行”，并且规定劝业员“对于该社有维持之责，如有阻挠情事可随时禀陈地方官究办”。[⑤]此外四川还设有“女子蚕桑传习所”，这是劝业道周善培于宣统二年（1910年）特别“在南关外农业试验场附设”[⑥]的。

截至1910年，全川有蚕桑传习所144个，学生4000多人。[⑦]其规模数量，在全国都算典型。

此外，在安徽，“皖省劝业道童观察前拟筹设蚕桑讲习所，招生入所研究，以资造就，嗣因所需开办经常等费为数甚巨，藩库又无的款可筹，是以未经开办。现闻童观察会商各商董，

① 宣统二年八月十一日四川劝业道札巴县彭祖贤等集资开办裕蜀桑社应出晓谕并随时认真保护文[Z].巴县档案.宣财一·蚕桑16.
② 四川通省劝业道周工房呈为通饬各属蚕桑传习所一切教科办法应归本道直接指挥嗣后关于各属蚕桑传习所应禀承本道或本道有饬办文件应即径禀本道，仰该县即便遵照的札[Z].南部县档案.20目180.
③ 四川通省劝业道周工房呈为通饬各县所有蚕桑传习所、公社农务局处应用丝车一律赴本道衙门领用的札[Z].南部县档案.20目199.
④ 南部县正堂伏工房呈据劝业分所牍呈农分会农事试验场、蚕桑传习所六月分办事月报表的牍呈[Z].南部县档案.22目161.
⑤ 宣统二年八月十一日四川劝业道札巴县彭祖贤等集资开办裕蜀桑社应出晓谕并随时认真保护文[Z].巴县档案.宣财一.蚕桑16.
⑥ 新闻.成都商报[N].1910（2）：2.
⑦ 王笛.晚清长江上游地区公共领域的发展[J].历史研究，1996（1）：5-16.

酌抽丝业茧捐作为该所经费”[1]，可见各地劝业道都在想方设法开办这样的习艺所。虽然也许只是出于行政压力，但实际效果却也扩大了教育规模。在湖北天门，由该县职商汪元燮集资组织了天门丝业研究会，“以期改良丝业，挽回漏卮，现拟订立章程呈请劝业道查核施行”。[2]桑蚕传习所的章程及对旧章的更定，都是“由该堂监督禀劝业道详皖抚咨部立案”[3]的。

四、举办实业教育，创办实业报纸，推广实业知识

在清末的奏折中，常见“人才奇缺”“人员左右支拙”等语。社会转型的速度，远远大于人的转型速度。伴随改科举、停科举而来的，是各类新兴学堂、西式学科的兴起，这在实业教育方面尤为凸显。劝业道管理、兴办（或提议兴办）了许多实业类学堂，并大力创办实业类报刊，以培养实业人才、推广实业知识。

（一）兴办森林学堂（尤其是奉天森林学堂）

森林学堂，这是专门教授林业知识、培养林业专业人才的学校，由官办、劝业道管，类似的还有农业学堂等。清末成立了很多实业类学堂，一般先由各地劝业道管理，后划归当地提学使管理，劝业道也兼管。尤其在林业发达的东三省，森林学堂的开办和学生的入学尤为踊跃，班级的增设老是赶不上学生的需求。森林学堂中最重要的奉天森林学堂（因为东三省森林

① 皖劝业道开办蚕桑讲习所（安徽）[N].申报（影印本），1911-2-18，上海：上海书店出版社，1984：111册：278.

② 天门丝业研究会成立（湖北）[N].申报（影印本），1910-10-8，上海：上海书店出版社，1984：109册：134.

③ 蚕桑讲习所更定新章（安徽）[N].申报（影印本），1911-4-16，上海：上海书店出版社，1984：112册：218.

资源丰富，所以在奉天办起了我国第一所森林专门学校，且规模、影响也较大）在清末却基本上一直是由劝业道管理的。该校的设立始于奉天劝业道黄观察于光绪三十四年（1908年）向督抚要求试办的呈请[①]，并于同年在奉天省城大东关成立，设森林本科、预科及速成班，教师聘日本林学专家数人，[②]分科教授，学生毕业后在奉或回当地“帮办组织森林事业”。[③]

学生有官费的（由各县选送）和私费的（自己付膳食费）两种，无论哪种，学生报名都非常踊跃。在铁岭，“自省城劝业道出示招考森林学生，一时有志森林者颇不乏人”。[④]《盛京时报》上时有学生愿自备膳费入学、错过投考日期请求补试、要求插班等的呈请，甚至造成“学堂原设讲堂宿舍将有不敷分寄之虞”[⑤]的情况。这些呈请都是呈与劝业道的，劝业道的批示基本上都是“自赴学堂呈请可也”，仅据《盛京时报》“劝业道批示”统计，计有农业学堂毕业生抡魁、王桂林、李树德等至少约百人。

由于后来学生实在太多，“劝业道所管之森林学堂原定学额二百名，分期招班，明春（宣统二年）应添招丙班正额学生六十名、副班三十名，除饬令各属由高等小学程度相当者选送外，凡文理清通、明达各科学，有志于森林者亦准投考”[⑥]；到

① 森林学堂入奏（奉天）[N].申报（影印本），1908-6-23，上海：上海书店出版社，1984：95册：278.

② 奉天·森林学堂开办有期[N].盛京时报（影印本），1908-1-25，沈阳：盛京时报影印组辑印，1985：6册：85.

③ 铁岭·招考森林学堂[N].盛京时报（影印本），1908-12-2，沈阳：盛京时报影印组辑印，1985：9册：291.

④ 铁岭·有志森林[N].盛京时报（影印本），1908-12-24，沈阳：盛京时报影印组辑印，1985：9册：295.

⑤ 劝业道批示[N].盛京时报（影印本），1908-4-9，沈阳：盛京时报影印组辑印，1985：7册：41.

⑥ 奉天·森林学堂添招学生[N].盛京时报（影印本），1909-12-11，沈阳：盛京时报影印组辑印，1985：13册：254.

宣统二年（1910年）年底又出示晓谕：“省城森林学堂明岁因添招丁班学生，一班定额正取五十名附取三十三名，正取者官费附取者自费”[①]；到第二年，又“应添招戊班学生，日前由劝业道札饬各府厅州县分别选送该校合格学生并出示招考”[②]。到宣统三年（1911年），该森林学堂与奉天农业学堂合并，定名为奉天官立农林学堂，并归提学司直接管理。

（二）筹划资助各种实业类报纸

劝业道还筹划资助了各种实业类报纸。宣统二年（1910年）正月，湖北劝业道高松如“饬农业教员、讲习所、改良林试验场暨农业学堂各员组织农报，以开风气；业经购置楼宇，本月内即可出版。闻该报月出一册，以通俗为主义，亦改良农业一助也”。[③]

奉天劝业道赵鸿猷在宣统二年（1910年）六月“特呈督抚宪，筹备官款、遴派委员创办劝业报，专载关于农工商各项奏案文牍以及进行之方法及收益之普厚，现已组织就绪，从事刊印，订于下月初出版，凡商会农会悉令购置一册以备研究，想从此实业前途必能收进益之效矣”。[④]

宣统二年（1910年），这年冬月间在四川创刊的《蚕丛报》，是一份专门介绍蚕桑知识的刊物，该刊每月一期，逢一出

① 奉天·森林学堂添招新班[N].盛京时报（影印本），1910-12-29，沈阳：盛京时报影印组辑印，1985：17册：388.

② 奉天·森林学堂添招新班生[N].盛京时报（影印本），1911-1-18，沈阳：盛京时报影印组辑印，1985：18册：37.

③ 劝业道饬办农报（武昌）[N].申报（影印本），1910-1-10，上海：上海书店出版社，1984：104册：760.

④ 奉天·劝业道创办劝业报[N].盛京时报（影印本），1910-6-21，沈阳：盛京时报影印组辑印，1985：15册：302.

版。在其创刊号上，列于“名誉赞成员”第一位的就是捐银一百元的四川劝业道周善培，接下来则是捐银二十元的农务总会，并且发刊词也是由周撰写的。在其正文第一页就是专件“四川通省劝业道振兴丝业之计划”，并连登三期，详细描画了四川丝业该如何发展振兴。

此外特别值得注意的是，同年在四川还创刊了《成都商报》（前已提及），该刊每月三期，有时内容多时甚至每日一期，该报主要刊登劝业道上与农工商部和四川总督、下与各州县劝业分所之间互相往来的文牍，以及劝业道的批示、核示及给照等公文，还有就是关于实业的各项新闻。该刊几乎可以说是关于四川劝业道及劝业公所的官报，将这些文件和新闻通过报刊的形式公布，相比以前，可以扩大视听效果。套用今天广告专业的一个术语，就是能有很好的“到达率”，并且这也是新政“新”之所在——可以从报刊上看到官府之间的文件了。此外四川劝业道还组织编辑了由四川商业讲习所发行的《商学讲义》，并通饬各属商务分会和劝业分所备价购买。[①]

五、举办商品展销活动

自1851年伦敦举行首届世界博览会以来，举办商品赛会逐渐成为流行于世界的一种商品促销方式。此种风潮也吹至东方，清末自中央到地方也十分热衷于举行赛会等展销活动，以促进国货提高质量，以及促销国货。在这方面既往研究成果十分丰富，论及清末经济的成果基本都会有所提及。2010年，当上海举办世博会之际，上海教育出版社还出版了一本《博览劝

① 四川劝业道周工房呈商学讲义第二学期已出版通饬各属商务分会、劝业分所仍照原购份数备价请发的札[Z].南部县档案.21目430.

业——世博会与近代中国博览会》[①]，记述了晚清以来中国参与包括世博会在内各种国际博览会，以及如何以劝业会、展览会等形式积极发展国内商品和实业的史实。在此仅从与劝业道管理相关的范畴进行一清理。

（一）劝业会

首先是开始在各地兴办规模不等的劝业会。劝业会并不是一个机构，而是由政府组织的商品聚会，会上可展示并销售产品，并对生产者给奖以资鼓励。劝业会是从国外传入的，“劝业设会肇于泰西，彼其出品蕃昌制造之精，钩心斗角，故特辟大会场以号召之，广立标牌，互相观览……藉资陈列，炫人心目。”[②]并有不同的等级和规模，如国际级、国家级、直省级以及县级等。

国际的劝业会主要如著名的万国博览会、1910年的比利时万国赛会、意大利米兰赛会，以及2010年在上海举办的世界博览会等等；在国内举办过规模较大的赛会有1909年举办的武汉劝业奖进会[③]、宣统二年（1910年）四月二十八日至十月二十八日在南京举办的第一次南洋劝业会[④]，以及清末在成都青羊宫举办过六次的四川通省劝业会等等。其中尤以在南京举行的第一次南洋劝业会规模最大、影响最广，2010年出版了一套《中

---

① 刘健.博览劝业——世博会与近代中国博览会[M].上海：上海教育出版社，2010.

② （清）刘锦藻编纂.清朝续文献通考（卷392，实业15）[M].北京：商务印书馆，1955：考11412.

③ 朱英.晚清经济政策与改革措施[M].武汉：华中师范大学出版社，1996：190-196.

④ 马敏.清末第一次南洋劝业会述评[J].中国社会经济史研究，1985（4）：73-78.

国首届博览会——南洋劝业会百年回望》[①]的丛书，详尽展现了当年的会场盛况。

劝业道在组织、兴办劝业会方面，起到了重要作用，尤其是在组织产品、遴派人员等方面，起到了具体的管理和支持作用。前人对劝业会的研究是比较丰富的，但主要局限于商会等民间力量及张謇等名商的作用，几乎没有关注到官方的作用。其实虽然商会等对其举办有推动作用，但具体的施行基本上都是官方来完成的，而劝业道更是起着组织参会产品、遴派参会人员等重要作用。

对于国际性的博览会，如比利时万国赛会，四川劝业道札饬各县，迅速"查明本省有无商人运货往赛"。[②]为奥地利维也纳猎务会，由于虽以猎务为名但商品工品均可赴赛，便"传知各商务分会及各处商人等，如有精良货品愿往赴赛者，先期报明，转咨办理可也"。[③]为宣统元年（1909年）"二月一至九号马呢拉赛会"，札饬各县出示晓谕"为华人听便赴会之护照晓谕华人如欲前往请领护照无需照费"，令商民皆知。[④]为意大利米兰万国美术及建筑赛会，浙江劝业道"转行通省商务总会迅速查明禀复"。[⑤]为宣统二年（1910年）在"得黎诺暨罗马等处"

---

① 苏克勤，陈泓校注.南洋劝业会报告[M]；苏克勤校注.南洋劝业会文汇[M]；苏克勤，余洁宇编著.南洋劝业会图说[M]；苏克勤编著.南洋劝业会杂咏[M].上海：上海交通大学出版社，2010.

② 为参加万国赛会劝业道札巴县[Z].巴县档案.光财二.劝工局39.

③ 为农工商部令商人赴奥京赛会札巴县[Z].巴县档案.光财二.劝工局54.

④ 四川通省劝业道周工房呈奉总督部堂赵札准两江总督部堂瑞咨准外务部电开美使照称西历明年二月一至九号本国马呢拉开赛会，特为华人听便赴会之护照晓谕华人如欲前往请领护照无需照费，仰该县即便遵照出示晓谕商民知照的札[Z].南部县档案.20目275.

⑤ 饬查华商能否赴意赛会（杭州）[N].申报（影印本），1909-12-25，上海：上海书店出版社，1984：104册：616.

的“博物赛会”，奉天劝业道亦“通饬各属商会遵照预备物品赴赛以开商智”。[①]

而对于清末最重要的全国性商品赛会——南洋劝业会，各地更为重视。开办前夕不少地方在劝业道的组织下都在当地开办了劝业会，目的在于展示并挑选产品送南京参会。如安徽等地举办了劝业分会[②]，而很多地方还成立了由劝业道设立并管理（或亲自或派员）的筹备会——出品协赞会（简称出品协会），专门组织、运送当地的产品、商品到劝业会所在地——南京。如在湖南，巡抚岑春蓂就“如何设立出品协会之处，仰劝业道会同藩学臬三司暨长沙关道并商局商会总协理妥筹办理具报”。[③]还有广东，其出品协会也是由劝业道会同商会筹办成立的[④]，协会的关防也是“由劝业道详请督宪刊送行用”。[⑤]在江西也是如此，两江总督端方致广西巡抚电曰：“（赣省物品总会）经傅道（即广西劝业道傅春官）筹办，业已成立……九赣出品协会、景萍瓷煤出品协会仍希鼎立提倡。”[⑥]还有浙江，由巡抚札委劝业道董元亮观察为出品协会总办[⑦]；协会的监理官先是李前泮太守，

---

① 奉天·咨饬美（应为义）国赛会之预备[N].盛京时报（影印本），1909-11-13，沈阳：盛京时报影印组辑印，1985：13册：168.

② 安徽开办劝业分会（安康）[N].申报（影印本），1909-1-6，上海：上海书店出版社，1984：99册：798.

③ 湘省筹议设立出品协会（长沙）[N].申报（影印本），1909-闰2-16，上海：上海书店出版社，1984：99册：523.

④ 张端二督为劝业会往来要电[N].申报（影印本），1909-5-29，上海：上海书店出版社，1984：101册：227；劝业道提倡出品协会之热心（广东）[N].申报（影印本），1909-6-24，上海：上海书店出版社，1984：101册：588.

⑤ 商会第二次会议出品协会（广东）[N].申报（影印本），1909-6-30，上海：上海书店出版社，1984：101册：682.

⑥ 电饬连办出品协会（南昌）[N].申报（影印本），1909-5-20，上海：上海书店出版社，1984：100册：858.

⑦ 颁发杭甬出品协会关防（杭州）[N].申报（影印本），1909-8-1，上海：上海书店出版社，1984：102册：194.

后为候补知府叶守培，都是由劝业道禀明督抚派委的①；对于宁波的情况，董元亮还专门“遴派劝业公所会计员蒋志培君即日束装驰赴宁波调查”②。在奉天，“劝业道饬属赶紧将禀定各章程及续订之出品通则、合资办法尅日拟印成帙，分送各界以资研究”③；并委留奉知县荣兴赴南洋劝业会充东三省协赞会④。当这些出品协会征集的物品达到一定程度时，还要在劝业道组织下举行开幕礼，展览这些物品。如安徽展览会计划在宣统二年（1910年）的正月十三日举行，会场定在府中学堂，头天还由劝业道“出示晓谕，招集食物贩摊以及江湖卖艺等，务于先期至事务所挂号，以便指定处所”⑤；开会当天，由安徽劝业道童祥熊致开幕词⑥。在四川，劝业道周善培向各州县都札发了两江总督办南洋劝业会之事⑦，并要求积极筹办⑧，“将县属境内所有特产、原料，雇用名工于劝工局内竭力制造精美之品，按格备送”⑨；还札饬“各商局商会一体遵照南洋第一次劝业会简章

① 改委杭属出品协会监理官（浙江）[N].申报（影印本），1910-1-12，上海：上海书店出版社，1984：104册：796.
② 派员调查甬属出品协会（浙江）[N].申报（影印本），1909-9-26，上海：上海书店出版社，1984：103册：118.
③ 奉天·有志出品赴赛南洋劝业会须知[N].盛京时报（影印本），1909-7-16，沈阳：盛京时报影印组辑印，1985：12册：77.
④ 辕门抄[N].盛京时报（影印本），1910-2-19，沈阳：盛京时报影印组辑印，1985：14册：176.
⑤ 出品协会定期开幕（安徽）[N].申报（影印本），1910-1-13，上海：上海书店出版社，1984：104册：814.
⑥ 安徽出品协会开幕词[N].申报（影印本），1910-1-22，上海：上海书店出版社，1984：105册：46、78.
⑦ 川劝业道转发两江总督办南洋劝业会事札巴县[Z].巴县档案.光财二.劝工局53.
⑧ 川劝业道为转两江总督请积极筹办南洋劝业会电札巴县[Z].巴县档案.光财二.劝工局55.
⑨ 南部县正堂侯工房呈奉四川劝业道周札催明年南洋劝业会四川赴会物品札仰该劝业员依限选送毋违的札[Z].南部县档案.20目161.

罗致各地方物产，届期选择与会，互资研求进步，仰该县即便宣布各帮其有赴会者呈本道以凭给照”[①]；当会期临近时，又札饬速报参业会赛品名单[②]。在为期半年的南洋劝业会举办期间，各省劝业道基本都组织了人员去参观大会，有的甚至是亲自带队。在奉天，因获悉大会因风灾受损，“劝业道甚为系念，特禀请督宪札派前兴京府知府都守林布前往该会调查一切情形”。[③]在大会结束后，出品协会还要组织产品运回当地[④]，尤其是驻南京的江宁劝业道李哲浚，还负责将会场招租及将承领之款发还商股款项等善后事宜。[⑤]

对于在成都举办的青羊宫劝业会，劝业道的作用更是直接而明显。四川劝业会源于沿袭多年在青羊宫举办的花会，除了传统的集市贸易，官员还组织周围各府州县的商品到会上展销。会期结束前，还要对商品进行评选和奖励。期间不仅有商家贸易，还有剧团、杂耍班子、其他民间艺人的表演以及各种地方名小吃。到四川劝业道上任后，开始举办第四次。在举办之前，劝业道即“通饬各属及早筹定款项、征集物品先期禀报以免贻误”。[⑥]

---

① 四川通省劝业道周工房呈奉总督部堂丁札饬各商局商会一体遵照南洋第一次劝业会简章罗致各地方物产届期选择与会互资研求进步仰该县即便宣布各帮其有赴会者呈本道以凭给照的札[Z].南部县档案.20目278.

② 宣统元年川劝业道札饬巴县速报参加南洋劝业会赛品名单[Z].巴县档案.光财二.劝工局69.

③ 派员调查南洋劝业会[N].盛京时报（影印本），1910-6-16，沈阳：盛京时报影印组辑印，1985：15册：284.

④ 奉天·出品协会派员赴沪运货[N].盛京时报（影印本），1910-12-7，沈阳：盛京时报影印组辑印，1985：17册：291.

⑤ 关于南京劝业会股款电文[N].申报（影印本），1911-2-5，上海：上海书店出版社，1984：111册：69；催还劝业会商股本息[N].申报（影印本），1911-4-6，上海：上海书店出版社，1984：112册：57；索还劝业会商股之公呈[N].申报（影印本），1911-3-16，上海：上海书店出版社，1984：113册：175.

⑥ 四川劝业道周工房呈为明年省城劝业会将届，通饬各属及早筹定款项、征集物品先期禀报以免贻误的札[Z].南部县档案.21目108.

为保障青羊宫劝业会的顺利和隆重，劝业道首先重点关注了费用问题，札饬各县官员道：

> （关于）经费一项，先尽渝城干菜帮照费银两支用，如有不敷，再行详候饬司拨补……定期明年（宣统元年）二月初十为始，仍在省城青羊宫地方举行，一切照常设备。此次为体恤各地方官起见，特改定解品功过章程，各牧令无得以改核从宽自弃名誉。凡本年在会得奖之地及物产繁盛之区固应极力奋兴，搜索精新之品……即偏僻之地亦需就地留心，查取所有特产寄会陈列。此会原为搜罗物产、比较工艺起见，赴会之物但求各备一格以资博览，各属官局制品及调查所得不必捆载而来徒糜运费。[①]

为多征集优良产品，劝业道大力鼓励民众，尤其是农民参会的积极性。为此特在光绪三十四年（1908年）十二月于各地张贴了白话告示：

> 省城青羊宫，每年二月赛会，本来为的庄家人买卖农具籽种，后来渐渐添些手工上的买卖。等到现在手工上的东西，却一天比一天多；农具籽种，却一天比一天少。自从前年改成劝工会以来，凡是到会的好工艺，又给他的奖牌，至于农具子种来赶会的，却没人理他。论道理，做手艺的离了庄家人，就没得材料用，看重手艺人，看不起庄家人，就好比吃水忘了源头一样。论青羊

① 光绪三十四年省劝业道为成都办第四次劝业会札巴县[Z].巴县档案.光财二.劝工局37.

宫这个会，如果把做农家的器具子种放在后头，尤其是提起树叶子，忘了树根子。况且四川的耕田人，本来很聪明，很勤快，更不该不看重的。四川天气又好，地土又肥，只要把庄家人看重些，万不会种不出好东西，万不会替四川开不出大利源的。本道这个劝业道，头一样要劝的就是农业，天天要想把农人的事情，好好认真讲究起来。所以想了一个法子，就是从宣统元年起，每年青羊宫开会的时候，要你们通省做庄家的，各人把自家种出来的好种子、自家做出来的好东西，不拘米麦、包谷、膏粱、黄豆、胡豆、豌豆、蚕种、蚕茧、丝线、棉花、竹麻、蓝靛、红花、水果、蔬菜、茶叶、烟、油、酒、醋、酱、酱油、咸菜、糖、豆腐、小粉、粉干、线、布、纸、草帽辫、筐篮、犁头、锄头、风车、水车等类，只要是田里出的、庄家人做的、庄家人的用的、自己做的、比别人比从前好的，都可以送来赶会。或是自己送来，或是托人送来都好。送到的东西由本道一样一样替你们好好摆起来。又请了几位晓得庄家道理的人，把这些东西一样一样比较，哪个好哪个歹，比较明白。等到会完的时候，再把那些好的种子、好的东西，定出一二三等，请制台大人每人等赏他一个奖牌，再给他一个执照，上面写明某人种的某样籽种、做的某样东西，怎么样好法、本年给的第几等奖牌字样，这是给庄家人的名。一面再出告示，把你们得奖牌的种子和东西，劝大家多照顾你买些，拿去做种子、做样子，这就是给庄家人的利。你们做庄家的，只要出得好种子、做得好东西，拿到会场比较明白，既可得名、又可得利，这个名利也是你们好庄家人分内应该得的，不是本道格外凭空给你们的。这个法子也不是本道想出来的，外国土产一天比一天加多加好，就是用这个法子，四川农民又聪明、又勤快，想来不会鼓励不起，想来工艺家能得头等奖，农民一定不会得不了头等奖的。到会不花一个钱，租房子、摆东西也不要一个钱，只是二月内一定要送到，并要写明地方、人名、做法、用法，勿论籽种东西，都要稍多点够摆设够比较才好。时候已经不早，大家不要观望，农人认字的少，本地人认得字的把这个告示的意思演说给大家耕田的听听。没要把本道把庄家人看重，庄家人自己却看轻自己，那就不对了。[①]

该告示十分珍贵，让我们百年以下还能清楚看到当年劝业道是如何发动民众参加赛会的。该告示的珍贵之处在于其不是用札、文等官方语言下发给各府县的正式文书，而是用大白话鼓励那些识字少甚至不识字的农人、手工业人来积极参加赛会。从整体方面而言，我们能据此管窥清朝末年直接对接民众的行政管理的方式方法。从具体赛会来看，我们可以看到，参赛者是免费的，优质产品的还能借此推广获利。还能看到，当

① 四川通省劝业道周工房呈为晓谕农民携带农产物品于二月赴省城青羊宫赛会的晓谕通知[Z]. 南部县档案.18目838.

时四川主要的农副产品有“米麦、包谷、膏粱、黄豆、胡豆、豌豆、蚕种、蚕茧、丝线、棉花、竹麻、蓝靛、红花、水果、蔬菜、茶叶、烟、油、酒、醋、酱、酱油、咸菜、糖、豆腐、小粉、粉干、线、布、纸、草帽辫、筐篮、犁头、锄头、风车、水车”等，这也为我们研究四川农业经济史留下了宝贵资料。最后，还能从中看到清末民众的日常口语，其实与我们当下的口语已经相差不大了，还有诸多俗语俚语，流传至今——如“提起树叶子，忘了树根子”等。这样一份白话告示保留至今，我们后人还能看到，真是十分幸运。

当物品质量还不够好时，劝业道又札饬“劝业会专重公品，止限于本地固有及可续制之新发明物，不得再有苟制一物搪塞一时之举，参展物品必先申解品样和说明书，仰遵办毋违”。[①]而每届赛会还有不同的侧重点，第四届撰写了“劝农民将农产之天然制造品择其佳者一并赴会陈列”的告示，并要求各县“即便遵照增写分发揭贴”[②]；第五届“专意审查农产物品，经评定如各厅州县官送物品陈赛所核分数等级列表后于伏者，记功议奖”[③]，并悬赏征集赛品[④]；第六届则“注重工业……各县均需解品陈赛，不必新奇以当地特著工艺品

① 通省劝业道周工房呈札饬明年第六次劝业会专重公品，止限于本地固有及可续制之新发明物，不得再有苟制一物搪塞一时之举，参展物品必先申解品样和说明书，仰遵办毋违的札[Z].南部县档案.21目148.

② 四川通省劝业道周工房呈为札发本道明年续办成都第四次劝业会应劝农民将农产之天然制造品择其佳者一并赴会陈列的告示，仰该县即便遵照增写分发揭贴的札[Z].南部县档案.18目839.

③ 通省劝业道周工房呈成都第五次劝业会专意审查农产物品经评定如各厅州县官送物品陈赛所核分数等级列表后于伏者记功议奖的札[Z].南部县档案.21目204.

④ 宣统元年巴县劝工局悬赏征集省第五次劝业会赛品告示[Z].巴县档案.光财二.劝工局.

为重”，[①]并对赛品的标准做了一定规定。[②]

成都青羊宫劝业会的盛况，据时人周洵《蜀海丛谈》记载：

> （劝业道）就每年二三月间成都西门外青羊宫向有之花会改为劝业会，征求各属所出之天然物品及制造物品于此时运省赴会陈列出售，藉资观摩砥砺。宣统元二三年间每开会时，各属物产栉比竞赛，实为川省前此未有之大观！[③]

对于劝业会的情况，笔者还找到一张清末的照片，乃1911年春成都第四届劝业会及授奖仪式，以飨读者。

① 通省劝业道周工房呈为明年省城第六次劝业会注重工业札饬各县均需解品陈赛，不必新奇以当地特著工艺品为重的札[Z]. 南部县档案.21目164.

② 宣统二年川劝业道为省第六次劝业会赛品的标准札巴县[Z].巴县档案.光财二.劝工局92.

③ 周询.蜀海丛谈[M]. 成都：巴蜀书社，1986：59.

（二）劝业场

除了劝业会这样的临时性商品展销会，劝业道还在各地兴办了固定的商品销售地点——劝业场。该场是向商家招租、由商人们出售商品并收取一定经费的场所。劝业场有由商会等民间团体自行筹款设立的，也有由劝业道劝办或直接设立的，都由劝业道加以管理。不仅如此，劝业道还对已经设立的劝业场进行整顿和对在场商家进行奖励，以促进实业。这是中国商业由零散市集向集中经营的近代化商业模式的开始。

江西劝业场于光绪三十三年（1907年）七月下旬在南昌由商会经督抚同意并协助成立，并订立了章程[①]，到“（十一月）初四日，教育、商务两会开会议定：一万寿宫为全省公业，归商会经理；二商会开办劝业场，自有经费，不动万寿宫款项；三万寿宫多年各项出息除拨岁修若干外，分作十成，以七成为教育总会经费，三成为公积。”[②]位于武昌的两湖劝业场算得上是当时国内比较有名气和规模的一家劝业场，于宣统三十四年（1908年）正月初八日开市[③]，“近年生意日渐起色，兹劝业道高佑诸观察以各商在场营业朝来暮往，较之在市肆贸易尤为辛劳，拟分别给奖藉资鼓励”[④]；并在宣统二年（1910年）由劝

---

① 江西商务总会试办劝业场章程[N].商务官报（影印本），1908-9-5，台北：国立故宫博物院印，1982：3册：468.

② 万寿宫改作劝业场（南昌）[N].申报（影印本），1907-11-19，上海：上海书店出版社，1984：91册：660.

③ 劝业场开始贸易（湖北）[N].申报（影印本），1908-1-15，上海：上海书店出版社，1984：92册：474.

④ 劝业场将举行给奖式（武昌）[N].申报（影印本），1910-1-5，上海：上海书店出版社，1984：104册，670.

业道对该场进行了改良增建[1]；同年十一月，由于生意清淡，劝业道决定在场中“开办大福引（即彩票），凡购物者均分别赠品以鼓兴趣，其经费则由场内营业各商认之，每日抽提售货资二十分之一存储，以购办福引之赠品”[2]。在奉天，“工务会成立后即拟在关帝庙遵章设立劝业场并工艺讲习所，以促工业之进步，因筹款维艰迟延未办，嗣经商会赞助合力兴修，当即分禀农商部暨劝业道立案”。[3]

在四川，能容纳300余家商户的成都劝业场是在周善培任劝业道的时候设立的，并且只准卖国内、主要是四川生产的商品，“以比赛工艺、振兴商业为主义。”[4]前已言及，后因土产滞销而只能以外货尤其是洋货支撑场务，故在宣统二年（1910年）下半年改名为“商业场”，并且此名延续至今。当时成都的老百姓，曾将四川劝业道周善培的政绩总结为“娼厂场唱”四字，其中“场”就是指劝业场（“唱”指悦来茶馆，乃当时成都著名的喝茶看戏之娱乐场所）。王笛先生在《1870—1930成都街头文化研究》[5]一书中出示过位于春熙路的成都劝业场外观全图；今天在成都春熙路还能看到该场20世纪20年代的外观照片。并且该场至今仍在其地，仍名“商业场”，仍处于成都商业繁华之中心地带，外观也并无多大变化，且实质上依旧履行其商业贸易场所的职能。

---

① 劝业场改良之规划（武昌）[N].申报（影印本），1910-7-12，上海：上海书店出版社，1984：107册：762.

② 劝业场将次开办大福引（武昌）[N].申报（影印本），1910-11-24，上海：上海书店出版社，1984：109册：870.

③ 奉天·工商会协立劝业场[N].盛京时报（影印本），1911-闰6-26，沈阳：盛京时报影印组辑印，1985：19册：484.

④ 论说[N].成都商报，1910（5）：1.

⑤ 王笛.李德英，谢继华，邓丽译.街头文化——成都公共空间、下层民众与地方政治（1870-1930）[M].北京：中国人民大学出版社，2006.

以下两图为成都劝业场昔今照片。

清末各地劝业场中至今最为知名者当属天津劝业场，其地、其名均延续至今，在《话说劝业场》[①]一书中全面展示了其发展历程，下图为天津劝业场现貌。

---

① 韩文彬.话说劝业场[M]. 天津：百花文艺出版社，1994.

（三）商品陈列所（劝工陈列所）

这是由官方设立展览商品的地方，并列于宣统三年（1911年）筹备宪政的清单上，其展品一般都是实业学堂学生等制作的非卖品。与劝业场相比，并不招租，也不出售商品；与劝业会相比，系常设场所，入所参观需购票。陈列所的展品对全国工艺品的制造与改良，起到示范与借鉴作用。到宣统三年（1911年），全国共设劝工陈列所和商品陈列所13处[①]，其中不少今天还可以看到遗迹。下图为现属于陕西图书馆的原陕西劝工陈列所。

① 郑起东.清末“振兴工商”研究[J].近代史研究，1988（3）：30-48.

光绪三十二年（1906年），京师劝工陈列所开办，陈列有京师内外商人提供以及各省寄赠的产品，供人观览，以为比较改良之用。[①]主办者希望以此使“劝工者各出心裁，陈列者美不具入，其中者无异身游天下，而实业进步日臻，将来与海外东西各国并驾齐驱”[②]；并向新式学堂的学生赠送门票[③]。该所展览物品包括天产、工艺两类，对陈列的自制物品，如“系独出

① （清）刘锦藻编纂.清朝续文献通考（卷384，实业7）[M].北京：商务印书馆，1955：考11309.

② 陈列开会纪盛（北京）[N].盛京时报（影印本），1906-10-19，沈阳：盛京时报影印组辑印，1985：1册：145.

③ 劝工陈列所开所有望（北京）[N].盛京时报（影印本），1906-10-14，沈阳：盛京时报影印组辑印，1985：1册：129.

心裁，创制新法新式，足以提倡土货抵制洋货者”，将“发给商勋以资奖励”；对收到与售出的物品，“随时登入报章，俾供纵览”。[①]后来也向各省征集物品，在光绪三十四年（1908年）该所被火重建后，就向各省调集物品，令各省劝业道“迅速分饬各属暨各商会遵照办理”。而四川劝业道即向各县札饬“迅将该县境内所有天然制造精美之品限文到半月专差申解本道衙门，以凭汇案详咨，事关部饬调取之件，毋得因循敷衍”。[②]到宣统三年（1911年），农工商部又向福建“征集新出各品送交京师劝工陈列所陈列，现由劝业道分饬地方官就地取选，送劝业公所汇转度陈矣”[③]；而向四川征集时，四川劝业道则还是向所属州县下札调取物品[④]。现在，著名的京师劝工陈列所已变为他

① 大清光绪新法令（第16册）[M]. 上海：商务印书馆，1910：81-82.

② 光绪三十四年劝业道为农工商部搜集陈列品札巴县[Z].巴县档案.光财二.劝工局41.

③ 商部征集陈列所物品（福建）[N].申报（影印本），1911-4-28，上海：上海书店出版社，1984：112册：442.

④ 四川劝业道周工房呈奉农工部具奏钦奉硃批续行调取各省新出产、以备（京师）劝工陈列所陈列，限一月内解送来辕的札[Z].南部县档案.22目159.

用，不过我们还是能从建筑遗迹上遥想当年之荣光。

陈列所的普遍修建是在南洋劝业会前后，各地政府将当地参会的商品先行展览，并在会后运回陈列，以扩影响，这也是应农工商部的要求。如在奉天，在这次大型劝业会开始前，“商品陈列所内之南洋劝业协赞会所有一切物品均已购齐，不日开办展览会……劝业道特谕该所暂行停止游览以便布置一切，一俟诸事完竣再行定期大开展览会，以广见闻”。[①]在浙江，“劝业道知照杭州商务总会以南洋下会物品甚多，又由部编修章函称日店迁移，所遗货柜等件均欲陈列于职所（即劝工陈列所），如是则为非卖品陈列所矣。”[②]但是该场修成后却有诸多弊病（如妨碍卫生等），浙江巡抚于是就“责成劝业道将此屋招商承售”[③]，可是商人又大多不愿承租，于是劝业道和商会决议“酌量修改，暂且成立，以谋逐渐整顿”[④]。在安徽，宪政编查馆议定“将来南洋劝业会闭会时各地方官绅如能设法多筹经费，将各处物产赛品购回，设所陈列，俾工商藉资研究，则受益无穷，现当即札行劝业道札属遵办。”[⑤]还有山东，劝业道“拟在商埠公园内划分地段修建房屋，拨银一万两备工程之用”，并“于股息花红项下或垦务项下酌量支办以备要需”。[⑥]在

① 奉天·陈列所暂行停止游览[N].盛京时报（影印本），1910-2-7，沈阳：盛京时报影印组辑印，1985：14册：127.

② 浙省兴办劝工陈列所之意见（杭州）[N].申报（影印本），1910-9-26，上海：上海书店出版社，1984：108册：918.

③ 劝工陈列所决拟出售另建（浙江）[N].申报（影印本），1911-1-12，上海：上海书店出版社，1984：110册：554.

④ 劝工陈列所改良手续（杭州）[N].申报（影印本），1911-2-13，上海：上海书店出版社，1984：111册：198.

⑤ 饬属收回赛品举办陈列所（安庆）[N].申报（影印本），1910-10-10，上海：上海书店出版社，1984：109册：70.

⑥ 商品陈列所建筑费有着（山东）[N].申报（影印本），1910-10-6，上海：上海书店出版社，1984：109册：102.

湖南，设立劝工陈列所及附设商品陈列馆是由劝业道“备价银五千三百两，会详立案，不日即将兴工建筑矣”。[①]还有贵州，也由巡抚庞鸿书奏设了劝工陈列所：

> 劝业道派员署理，饬仿各处成规设立商品陈列所，以资观感。查有道署西偏隙地，面积约七十方丈，爽垲轩豁可用以建筑场所，拟参用日本及湖北形式修造楼房，周围二十七间，合楼底共五十四间，工料但求坚实，不取铺张，估计约需银一万余两。落成后征求黔省工艺货品与天然材物分置其间，并□求各省工作物品择其日用所需又为此间所能仿造者依类陈列，藉裨考镜。其本省工产仍听鬻售，以觇销路。[②]

后来有的地方为了举办劝业场，但经费又有限，于是将该所改办为场或就地添建，或者相反，在劝业场基础上添建陈列所。前者如河南，“（劝业场）建筑经费若径由官拨，一时恐难办到，若全数委诸绅商，又有任重难举之虞。查本城劝工陈列所原为提倡工商模范，全省劝业场起见有此基址可就此扩充，扩充费用由劝业道会同藩司悉心筹划”。[③]后者以湖北为例。

> （湖北劝业道高松如）爰委劝业公所商业科长胡子笏君暂就劝业场开办，将该厂南北两廊、后座大加修饰，并由胡君督率司役将原开劝业奖

① 建筑劝工陈列所（长沙）[N].申报（影印本），1911-闰6-22，上海：上海书店出版社，1984：113册：770.

② （清）刘锦藻编纂.清朝续文献通考（卷384，实业7）[C].北京：商务印书馆，1955：考11310.

③ 豫省筹设劝业会之动机（河南）[N].申报（影印本），1910-10-16，上海：上海书店出版社，1984：109册：262.

> 进会各式精制橱柜布置整齐，分类陈列，曰天产部、曰工艺机械部、曰染织部、曰教育部、曰陶冶部、曰美术部，共分六类，择日开所任人纵览，以开商智。[①]

并在宣统三年（1911年）闰六月初一日开幕，“来参观者约数百人，颇尽一时之盛”[②]。

此外还有由外商修建的，如俄国商人就欲在哈尔滨设立“华俄商品陈列所一处”，由东三省总督“札饬交涉司先行调查本国商品以何者适用于俄人，然后将此项商品送至该处陈列，以扩充销路。交涉司奉札后已咨商劝业道通饬各属商会一体遵照办理。”[③]在陈列所成立之后，各地劝业道还利用节庆期间举办参观活动以扩大展品的知名度，江西劝业道傅观察就利用端午节大开展览，“各店家行伙平日在店工作，鲜能出外游行，今逢佳节放假者多，正可藉此观摩”。[④]

六、管理官办事务

除了以上新兴事务外，劝业道也要管理传统的官办事务。

（一）官银钱局

随着清末中央财权下移，各地方纷纷设立官银钱局，作为

---

① 劝业道组织商品陈列所（武昌）[N].申报（影印本），1911-5-24，上海：上海书店出版社，1984：112册：868.

② 商品陈列所开幕（武昌）[N].申报（影印本），1911-闰6-5，上海：上海书店出版社，1984：113册：484.

③ 东三省通信[N].申报（影印本），1910-12-17，上海：上海书店出版社，1984：110册：262.

④ 商品陈列所端节参观志盛（江西）[N].申报（影印本），1911-5-13，上海：上海书店出版社，1984：112册：682.

设于地方的官方金融机构，“存放公款及各局署汇解税款等项”[①]，可借款给各司道局所及府厅州县[②]，并可印刷纸币。后来也倾向于官商合办，但与银行的性质有异。也叫官银钱号、官银局或官钱局。[③]

江西官银号在宣统三年（1911年）归并入大清银行[④]，原因在于“由劝业道傅春官经手借来之商款及本省官银号扯款，均须本年悉数偿还，于是由司道会议，拟向上海某银行借款三百万两”。[⑤]同年，奉天官银号也“归官商合办，以备通融纸币维持市面，（商会）一俟调查清楚当即行接办。”[⑥]但由于该号款项不清，一天以后商会即表示拒绝接办[⑦]。广东官银钱局的正监督是藩司，副监督就是劝业道，他们不仅提出了扩张改良之法[⑧]，还札委知府“赴局盘查（存款借款及收回票数）”[⑨]。当清廷度

① 奉天·统筹、存汇公款之办法[N].盛京时报（影印本），1909-2-2，沈阳：盛京时报影印组辑印，1985：10册：81.

② 官银号整顿借款章程（奉天）[N].申报（影印本），1910-1-27，上海：上海书店出版社，1984：105册：118.

③ 王铁藩.福建官银局评介[J].福建论坛（文史哲版），1993（6）：61-67、75；黄中行、蔡小军.甘肃官银钱局及其钞票[J].中国钱币，1998（3）：55；孙豪.近代豫泉官银钱局探微[J].郑州航空工业管理学院学报（社会科学版），2014（3）：39-41.

④ 赣官银号归并之计划（江西）[N].申报（影印本），1911-5-22，上海：上海书店出版社，1984：112册：834.

⑤ 赣省官银号裁撤归并之原因（江西）[N].申报（影印本），1911-3-23，上海：上海书店出版社，1984：13册：284.

⑥ 奉天·商会接办官银号[N].盛京时报（影印本），1911-10-1，沈阳：盛京时报影印组辑印，1985：21册：5.

⑦ 奉天·商会不肯接办官银号[N].盛京时报（影印本），1911-10-1，沈阳：盛京时报影印组辑印，1985：21册：13.

⑧ 官银钱局之扩张营业（广东）[N].申报（影印本），1911-5-11，上海：上海书店出版社，1984：112册：646.

⑨ 委员盘查官银钱局内容（广州）[N].申报（影印本），1911-闰6-29，上海：上海书店出版社，1984：113册：890.

支部要统计各局发行票纸数目时，其流程为：度支部—农工商部—各地督抚—劝业道—该局①。“合丰官银号”财政调查表也是由四川劝业道发下的②，而且向官银钱号借贷的利息也可由各地劝业分所代缴。③

（二）官纸局、官牧场等

官纸局乃官办的印刷机构，主要印刷各地官报、告示等官方文件，也生产供官府用的各类纸张。类似的还有造砖厂、官牧场等。今天我们看到的档案文件大多是由官纸局印刷的。东三省总督徐世昌和奉天巡抚唐绍仪曾上《设立工艺传习所、造砖厂、官纸局摺》和《设立官牧场摺》：④

> 因建筑繁多，在西门外设立造砖厂；因纸张翔贵，又在城中开设官纸局，均已先后（由劝业道组织）开办。
>
> 臣等公同商酌，因将该（牧养）公司改为官办，添发资本，督饬劝业道实力整顿，先后派农业暨兽医毕业生分理耕种地亩及调护牧畜诸事。

摺中之意，均将这些机构和企业归劝业道办理和管理。官纸局虽具有一定盈利性质，但主要是官产官用。

---

① 四川通省劝业道周工房呈奉总督部堂赵札准度支部咨本部曾厘行表训令各省官银钱号迅将发行票纸数目填定报部奉旨依议，仰该县即便照会该分会遵照办理的札[Z].南部县档案.20目121.

② 四川劝业道为飞催巴县速抱合丰官银号财政调查表事札巴县文[Z].巴县档案.宣财四.银行3.

③ 重庆锦和丝厂报告重庆劝业分所呈缴所贷官银一万两之一年息银六百两案[Z].巴县档案.宣财二.近代工业14.

④ 奉天·兴办实业之要闻[N].盛京时报（影印本），1908-6-14，沈阳：盛京时报影印组辑印，1985：7册：355.

（三）商埠

清朝自《南京条约》被迫开商埠以后，到清末不少地方已出现自开商埠的情况，具体研究情况可参见杨天宏教授的《近代中国自开商埠研究述论》[①]。作为管理地方实业的总官，劝业道自然也要对商埠进行管理。在商埠的各项事务中，“由劝业道经管者为银行、公司营业、轮艇运送客货、振兴渔业、推广种植、组织工场以及电灯、自来水、电话、邮便共三十余项”[②]。由商部颁发到吉林的“管理商埠章程”计八十余条，“大略以巡警、卫生等事则由民政司筦理，而银行、公司、值业、轮路等事则由劝业道经理，而于筹办开埠方法亦由劝业道酌核申详，督抚俾清界限而一事权”。[③]在奉天葫芦岛开埠之前，东三省总督“谕饬郑京卿与（奉天）劝业道、度支司等会同商议筹款筑堤及大小码头何者应行先修、何者可以从缓妥拟详细办法。”[④]并且该省劝业道赵鸿猷之前已赴葫芦岛勘察情况[⑤]，回省后禀复督抚“该岛修筑经费约须二百万两，其工程三年方可告竣”。[⑥]到宣统三年（1911年），连吉林开埠局也由劝业道接管了。[⑦]

---

① 杨天宏.近代中国自开商埠研究述论[J].四川师范大学学报（社会科学版），2001（6）：88-95.

② 各部分划管理商埠权限（北京）[N].申报（影印本），1909-7-21，上海：上海书店出版社，1984：102册：60.

③ 部颁管理商埠章程（吉林）[N].申报（影印本），1909-8-17，上海：上海书店出版社，1984：102册：438.

④ 奉天·谕饬会议葫芦岛开辟商埠事宜[N].盛京时报（影印本），1910-10-5，沈阳：盛京时报影印组辑印，1985：17册：20.

⑤ 锦州·劝业道巡查葫芦岛[N].盛京时报（影印本），1910-9-1，沈阳：盛京时报影印组辑印，1985：16册：299.

⑥ 奉天·查勘葫芦岛志闻[N].盛京时报（影印本），1910-9-26，沈阳：盛京时报影印组辑印，1985：16册：344.

⑦ 开埠局划归劝业道接管[N].盛京时报（影印本），1911-9-6，沈阳：盛京时报影印组辑印，1985：20册：346.

（四）驿传事务

在劝业道的职掌中，还要管理驿传事务。在劝业道设立之初，虽然在章程中规定了驿传交通事务是由其管辖，但此时“各省提法使尚未遍设，应如原奏仍归按察使兼管，嗣后按察使改为提法使，应将驿传事务移归该道管理”。[①]直到宣统二年（1910年），法部“于本年七月二十一日奏请改补提法使，所有各省驿传事务自应遵章移归劝业道管理”[②]，自此各省陆续将按察使改为提法使。为不妨碍“司法独立之制”，于是就陆续将驿传事务移归劝业道管理。如浙江[③]、四川[④]、河南[⑤]、陕西[⑥]、安徽[⑦]、直隶[⑧]、山西[⑨]、湖南[⑩]、吉林[⑪]、江宁[⑫]等地，均上奏折明

---

① 宪政编查馆考核直省劝业道官制细则酌加增改摺[N].商务官报（影印本），1908-7-5，台北：国立故宫博物院印，1982：3册：371.

② 各省驿传事务应由提法使移归劝业道管理片[N].政治官报（影印本），1910-11-21，台北：文海出版社，1965：41册：202.

③ 驿站事准归劝业道管理（杭州）[N].申报（影印本），1910-9-10，上海：上海书店出版社，1984：108册：622.

④（四川总督赵尔巽）又奏臬司归管驿传事务移交劝业道管理等片[N].政治官报（影印本），1910-10-18，台北：文海出版社，1965：39册319.

⑤ 河南巡抚宝棻奏驿传文件款项改归劝业道收管片[N].政治官报（影印本），1910-10-24，台北：文海出版社，1965：39册：409-410.

⑥（陕西巡抚恩寿）又奏提法使经管驿站等项划归劝业道管理片[N].政治官报（影印本），1910-11-28，台北：文海出版社，1965：40册：442.

⑦（安徽巡抚朱家宝）又奏按察司旧管驿传文件移交劝业道片[N].政治官报（影印本），1910-12-9，台北：文海出版社，1965：41册：142.

⑧ 直隶总督陈夔龙奏驿传事务归劝业道管理片[N].政治官报（影印本），1911-1-25，台北：文海出版社，1965：42册：291.

⑨（山西巡抚丁宝铨）又奏驿传事务交劝业道管理片[N].政治官报（影印本），1911-3-13，台北：文海出版社，1965：44册：244.

⑩ 湖南巡抚杨文鼎奏驿传事务划归劝业道管理片[N].政治官报（影印本），1911-3-30，台北：文海出版社，1965：44册：534-535.

⑪ 吉林巡抚陈昭常奏驿传事务划归劝业道管理片[N].政治官报（影印本），1911-4-17，台北：文海出版社，1965：45册287.

⑫ 苏省驿站改归劝业道管理（苏州）[N].申报（影印本），1911-3-29，上海：上海书店出版社，1984：111册：918.

确将驿传事务全部划归劝业道管理。

各地劝业道基本是履行了管理职责的。以四川为例，在宣统二年（1910年）九月十七日劝业道周善培就将“接管提法司移交之川省驿传事务”发出告示，并札饬各县发放、张贴①。到同年十一月，又札饬各地不准将驿马在途私雇与人②。第二年三月，为仿照邮政局办法改良驿递事，又特地札饬巴县加速驿递，并拟就办法四条。③四月，又通饬各属“驿站收发文件时仍应分县逐件挂号”，以便收发。④而各驿站的夫马等的公食银两也是由劝业道报解并发放的。⑤可见劝业道是在切实管理当地的驿传事务。

（五）茶务

盐和茶是日常生活必需品，中国历代政府大多施行盐茶专卖政策，将两者的开采、流通等环节掌握在政府手中。晚晴时期，政府在各地专设有盐茶使一职，进行专管。劝业道成立后，茶务逐渐由各地劝业道管理，而更为紧要的盐务则仍由盐茶使（改名为盐运使）专管。劝业道除对茶叶、茶业方面

① 宣统二年九月十七日四川劝业道将接管提法司移交之川省驿传事务告示札发巴县文[Z].巴县档案.宣财五.驿站18.

② 宣统二年十一月二十一日四川劝业道为通饬不准将驿马在途私雇与人事札巴县文[Z].巴县档案.宣财五.驿站8.

③ 宣统三年三月十四日-三月二十八日四川劝业道为仿照邮政局办法改良驿递事札巴县文[Z].巴县档案.宣财五.驿站2.

④ 宣统三年四月二日-五月四日四川劝业道通饬各属关于驿站收发文件时仍应分县逐件挂号文[Z].巴县档案.宣财五.驿站14.

⑤ 宣统三年一月二十五日-闰六月二日四川劝业道通饬各属报解宣统三年分驿站夫马等公食银两文[Z].巴县档案.宣财五.驿站16；宣统二年十月二十四日四川劝业道为发给巴县宣统二年分驿站夫马水手公食等银两事札巴县文[Z].巴县档案.宣财五.驿站17.

的一切事宜进行管理外，还要提倡并兴办茶叶方面的学堂、讲习所等。

与管理驿传事务一样，劝业道也并非从设立之初就对茶务实施管理。以四川为例，在宣统元年（1909年）十一月之前，四川的茶务是由专门的盐茶使进行管理的。后来盐、茶分开，盐茶使改为盐运使并专管盐务，而茶务则交由劝业道管理。为此，“本司（盐运使）督饬员书将茶务交代逐款清厘，定于十一月初一日派员移送劝业道接收管理……以后领引缴课等项及关茶务事件均分别径行禀详劝业道衙门核办，毋庸再报司以清权限”。[①] 此后四川劝业道便开始正式实施对茶务的管理，如禁止私茶的贩运[②]，要求取缔各衙门对茶商的苛索[③]，收缴茶务课税[④]，要求各县调查茶务[⑤]等等。

除四川外，在茶业发达的浙江等地，当地劝业道也对茶务实施着管理。宣统元年（1909年）闰二月，农工商部奏定了“厘定筹备事宜”，内有“调查内地茶业情形”的要求，浙江和广东劝业道都按照要求做了调查并填表上报[⑥]。

七、管辖商办企业、裁定商业纠纷

既然劝业道是总管全省实业的官员，任何企业的成立都要

① 川盐运使为改组盐茶主管机构事札巴县文[Z].巴县档案.宣财三.茶7.

② 宣统二年四月十日川盐茶劝业两道为发禁止私茶告示事札巴县卷[Z].巴县档案.宣财三.茶9.

③ 宣统二年十一月二日川省劝业道札巴县取缔各衙对茶商苛索卷[Z].巴县档案.宣财三.茶12.

④ 宣统三年六月巴县申解宣统三年茶课银卷[Z].巴县档案.宣财三.茶17.

⑤ 宣统二-三年川省劝业道札巴县填报茶务调查表卷[Z].巴县档案.宣财三.茶19.

⑥ 札查各属茶业情形（广东）[N].申报（影印本），1910-3-26，上海：上海书店出版社，1984：106册：70；农部严催浙属丝茶报告（杭州）[N].申报（影印本），1910-5-28，上海：上海书店出版社，1984：107册：56.

经过劝业道的批准。劝业公所所以分为总务、农、工、商、矿及驿传交通六科，就是为了分门别类的管理这五方面的实业。准确地说，劝业道有责任直接兴办公办企业，并直接管理（首要是批准）私营企业。

（一）查验或批准商办企业注册

在劝业道设立之后，企业注册成立的程序一般是：企业上报劝业道要求注册—劝业道派员查验—查验合格后由劝业道上报督抚或农工商部进行注册；如果该企业是在州县等地方兴办的，则会加上由当地劝业员或矿政调查员考查并回复劝业道的程序。从《盛京时报》上的“劝业道批示”看来，绝大多数都是对商办企业的批示。当然，在奉天这样的矿产大省，其中又占绝大多数的是对商人请求开矿的批示。以下仅举数例予以说明：

> 湖北兴国州州判周本容别驾素精理化，现查得乡农废弃之蔴壳以理化药品制练仍可作为纺织原料，拟设公司……特牒请该州汪刺史文钧通禀当道（指劝业道），恳请给予专利年限，并援案恳准咨部免税等因，当奉陈制军（两广总督陈夔龙）批饬劝业道核议具复，再行饬遵。①
>
> 有富商关某招集股本，禀明（奉天）劝业道，拟在该县（彰武县）设立公司，请将该县之碱业概归伊公司销售。经劝业道饬彰武县查复，现闻业已查实，该公司不日成立。②

---

① 蔴壳可制纺织原料（湖北）[N].申报（影印本），1909-9-6，上海：上海书店出版社，1984：102册：724.

② 奉天·筹设碱业公司[N].盛京时报（影印本），1909-闰2-3，沈阳：盛京时报影印组辑印，1985：10册：187.

永昌煤矿公司创办人秦洪盛、高哲生禀，批：该公司所拟开办章程、合同布告是否均臻妥协，与定章有无违碍，据称俟本道批示后再行详部注册，先行立案出示并札饬地方官保护之处可否准行，候移矿政调查局查核办理抚道查夺。①

（农工商部）批职商姚品三等禀：该商呈领勘矿执照应由该省劝业道查明发给……本部已据情咨行吉林巡抚转饬劝业道查核办理，仰该商即赴该省劝业道呈候批示。②

日前商人许邦彦、张文阁等在劝业道署报领凤凰厅署青城子小山边沟铜矿请给照开采，并将矿图、矿质、允结一并呈验。道宪以该商所报之矿究竟股本是否充足、存于何商，即取具该商保结送案，以便派员查兑是否切实可靠，再行核夺。所请遽给勘照之处未便照准。③

商人张凤阁前在劝业道报领本溪县牛心台之银矿，当经札委驻安东税捐局查矿葛委员前往查明，与就近庐墓、田园、官道均无妨碍。当经由道呈请督宪鉴核咨部，已蒙允准。④

---

① 劝业道批示[N].盛京时报（影印本），1907-8-10，沈阳：盛京时报影印组辑印，1985：4册：199.

② 批示[N].商务官报（影印本），1910-7-14，台北：国立故宫博物院印，1982：5册：210.

③ 奉天·劝业道慎重矿务[N].盛京时报（影印本），1910-10-22，沈阳：盛京时报影印组辑印，1985：17册：89.

④ 奉天·饬道填发勘矿执照[N].盛京时报（影印本），1910-11-2，沈阳：盛京时报影印组辑印，1985：17册：135.

> 商人张麟阁、曹凤翔等昨在劝业道署报领辽阳转子山煤矿，惟所呈殊多殊略，不符定章。现已由道谕饬，应将照费填列表单，另行绘定，□将矿图指定矿界、注明亩数，并将勘矿委员由省至辽来往路费每里核银二钱一并筹齐呈送，再行派员前往查勘呈复核办。[①]

（二）给予优秀商人奖励

此外，对于出力人员和商人，劝业道还会给奖或呈请给奖。宣统元年（1901年）四月十六日，由职商陈宜禧招股承办的广东新宁铁路举行开车礼，“由邮传部札派广东劝业道陈望曾前往莅会监视并勘验工程”；勘验后，陈道对该铁路和商人都表达了赞扬，并上报请奖。[②]宣统二年（1910年），津浦铁路在山东招股，该省认购了一百万两，“咨由劝业道特将劝办出力人员详请抚宪分别给奖”。[③]可见对商人的奖励，自当地有劝业道之后，是或由其直接给奖，或由其向督抚或农工商部请奖，总之是要经过劝业道。

（三）处理商业纠纷

在管辖商办企业的同时，劝业道还要裁定处理商业纠纷。

1. 处理商业纠纷及勘验工程

宣统二年（1910年），湖北瑞馨泰茶叶店股东程光照呈诉

---

① 奉天·劝业道谕饬报矿之简章[N].盛京时报（影印本），1910-3-10，沈阳：盛京时报影印组辑印，1985：14册：262.

② 农邮两部会奏新宁铁路竣工情形（北京）[N].申报（影印本），1909-9-13，上海：上海书店出版社，1984：102册：831.

③ 劝办津浦路股得奖人员（山东）[N].申报（影印本），1910-2-7，上海：上海书店出版社，1984：105册：262.

经理人涂改账目、拆换簿据，“当经高佑诸观察饬县讯断”。[①]在奉天：

> 义州商务分会议董代表呈，批：据呈各节系属一面之词，当时集股创设义兴纺织公司，既无合同章程，又未据呈报，本道无案可稽。现在究竟如何纠葛，候札饬锦州府查明核办，具复核夺。[②]

在浙江，对于有争议的矿商股东会，“经董观察（浙江劝业道董元亮）派出矿务科长同知陈鼎及原查是案之工艺科长李孝先二员届期到会监视”。[③]而当浙江“振市公司”集股各商发生冲突时，“杭府特饬巡劝两道会同府县，招集绅商于十八日午后假座同善堂开会研究”。[④]同时，

> 浙省绒经一业向来附属绸商，今年贸易式微，彼此交易难免抑勒，致生种种抵触，酿成讼累。日前复经该业董余仲有等联名纷呈各宪，要求特派委员监督过秤，以杜绸商之苛勒各节。昨奉增抚札饬劝业道会同商会和平调处。……应如何改用公称以昭平允之处，仰该道即日照会杭州商会邀集绸经两业绅董妥议善后办法，由道详复饬遵，以维商业。[⑤]

---

① 劝业道饬断茶叶股份纠葛（湖北）[N].申报（影印本），1910-7-18，上海：上海书店出版社，1984：107册：858.

② 劝业道批示[N].盛京时报（影印本），1909-2-21，沈阳：盛京时报影印组辑印，1985：10册：145.

③ 派员监视矿商股东会（杭州）[N].申报（影印本），1910-8-23，上海：上海书店出版社，1984：102册：528.

④ 杭垣官绅集议振市公司之冲突[N].申报（影印本），1910-6-20，上海：上海书店出版社，1984：112册：235.

⑤ 调停绸商绒经二业之纠葛（杭州）[N].申报（影印本），1910-11-14，上海：上海书店出版社，1984：109册：710.

在奉天，当发生矿务纠葛时，劝业道批示到：

> 本道前奉抚宪批据该商禀控天利公司恃官霸产各节，行令本地秉公查核呈复核夺等因，并据该商来道据呈，据此本道当查此案。天利公司原定矿界东至五顶山、西至渔沟、南至车道、北至大□沟，计地九方里，全系民地。禀定原案应由公司次第开采□□业至于界内采矿致使官民两受寄制。今该商之地系在公司界内中央，何得混称界外？至阅矿务新章所载乙丙两矿业至有尽先开采之权一节，细释章程，其本意系为初经发现之矿对于矿商业至两面预杜争执而言，如天利公司系属官办之矿，且于光绪二十八年未奉新章以前即已开采，自应查照原案由公司采作，并俟公司用及其地或给租所收买再行公平议给价值。此时公司界内未用民地，仍令各该业至自行耕种，藉资收获，以昭公允。[①]

此外，对于超过自身权限外的纠纷劝业道要进行调查并上报。比如当江西省的铁路股东发生冲突时，由“劝业道傅观察查明情形，详由冯中臣电咨邮部”。[②]当商会与行商在安徽青阳县因抽丝捐大起冲突时，由“劝业道刻日确查禀复（督抚）[③]”。有时即使是已经由商人禀控到农工商部，中央也会将

① 劝业道批示[N].盛京时报（影印本），1910-7-28，沈阳：盛京时报影印组辑印，1985：16册：110.

② 赣省铁路股东会冲突续文（南昌）[N].申报（影印本），1909-9-16，上海：上海书店出版社，1984：102册：879.

③ 商会抽收丝捐之纠葛（安徽）[N].申报（影印本），1911-7-29，上海：上海书店出版社，1984：14册：364.

其交给当地劝业道查核，再据之裁判：

> 鄂属老河口镇昌玻璃公司刻被股东谭文龙在农工商部禀控该公司吞骗股款、克扣薪工并种种病商肥己情形，恳撤销原案、勒还股款等情。商部当以该公司前曾于光绪三十二年禀部注册、准予专利十年在案，咨据禀控各情如果属实，亟应查禁究办，唯恐有挟嫌妄控情事，昨特咨请鄂督查复，小帅当即转饬劝业道札行光化县查复核咨。[①]

如此等等，说明在劝业道设立之后，商业纠纷或由其调查，或由其调停，或由其裁决，或由其上报，或由其饬州县地方官讯断，总之基本都要经过劝业道之手。

2．纠正商人的危害性行为

自古以来，中国传统文化中主流观点即认为“无商不奸”，商人在逐利性的经营活动中，难免有伤害社会公利的行为发生。管理、纠正这些危害性行为，也是劝业道的重要日常工作。

宣统二年（1910年），直隶地区耕牛出口过巨，以致有碍当地农业。对此，劝业道孙多森即照会天津商会：

> 直隶自近年以来，洋商运牛出口，多至不可胜数，虽经敝道衙门随时据约驳阻，而此请彼求，终难一律禁止。……敝道悉心酌核，窃以为牛只一项在中国为耕种之需，在外国系食用之品，但能兴办畜牧，俾其孳生繁多，则耕田既不虞有匮乏，即出口不必悬为厉禁。查直隶西北一带，地势平衍，水草丰茂，随处可为畜牧之场，

---

① 镇昌公司与股东之纠葛（湖北）[N].申报（影印本），1909-3-18，上海：上海书店出版社，1984：100册：90.

土民又娴豢养之术，若由官为提倡，饬令召集股本兴一畜牧公司，讲求实业，数年以后必有成效可观。……自应先就水草丰茂之区，先由敝道饬令各州县晓谕商民，讲求牧畜，以期孳生繁衍，并于所辖农事试验场内选购佳种，喂饲改良，以资提倡。再由贵会体察情形，纠合组织，倘能招集股本创设公司，官商合办，外足供洋商之求，内足资耕种之力，实于农业商业两有裨益。①

当四川出现“卖丝打潮”（即在丝中参水卖出）时，劝业道也特别出示晓谕，严禁此种行为。②对于四川丝商叶松盛、殷相尧、陆柒万、谭玉清、泰昌怡等走私瞒费，当地劝业分所将他们查获后，四川劝业道给予了罚款的处罚，并将罚款一半归公（充劝业分所经费）一半充赏出力司巡。③

对于奉天铁岭等处的一些粮栈有吊斗水泡、短斤少两等弊端，当地劝业道转行“各该处商务分会谕令栈商公平出斗，籍祛积弊而兴海运，令即出示晓谕，如有奸商胆敢抗违不遵功令，准各船户指名禀控，一经查明属实，定即从严惩办而维航业”。④

① 直隶劝业道孙为耕牛出口过巨有碍农业事照会津商会[A].天津市档案馆等编.天津商会档案汇编（1903-1911 上）[C].天津：天津人民出版社，1989：902-903.

② 新闻[N].成都商报，1910（3）：3.

③ 宣统二年六月九日重庆丝业分所查获叶松盛瞒费漏厘案[Z].巴县档案.宣财二.丝14；宣统二年六月二十日丝商殷相尧走私瞒费罚款卷[Z].巴县档案.宣财二.15；宣统二年八月二十四日丝商陆柒万走私瞒费罚款卷[Z].巴县档案.宣财二.16；宣统二年九月十三日丝线商谭玉清走私瞒费罚款卷[Z].巴县档案.宣财二.17；宣统二年十月五日丝商泰昌怡走私瞒费罚款卷[Z].巴县档案.宣财二.18.

④ 奉天·札饬司道严禁粮栈积弊[N].盛京时报（影印本），1910-4-20，沈阳：盛京时报影印组辑印，1985：15册：77.

八、劝业员的事务

根据农工商部的札饬，浙江和四川都制订了各自的劝业分所章程，以规定劝业员的人选、职掌等等。如四川制订的章程内就规定“凡属于该厅州县工业内之制造机器专利、改良土货、仿造洋货、工厂皆属劝业员应行管理查核之事项。[①]”而各地劝业员也切实履行自己的职责，可以根据实业种类分为以下几项加以说明。

（一）农业方面

1. 倡导、劝办、经营农业试验场、蚕桑传习所等场所

在浙江石门县，该县盛蔚堂大令“莅石后即照会劝业员马绅念常倡办农事试验场……近日马绅正督饬匠人栽种，颇为忙碌”。[②]巴县农业试验场正是由该县劝业员王承烈禀请设立的，并且还将籽种收获及试种作物情况汇总报告给劝业道。[③]

在这些场、所设立之后，各项工作的开展也要倚赖各地劝业员。在宣统二年（1910年）九月，四川从英国购买了各项籽种，这些种子“除留饬本道所办之农事试验场分别试种外，即查照已经筹有试种处所各属，饬填说明书封发分种以凭比较考验……仰该县即便查照单开各种，发交劝业员承领，转农务分会试种”。[④]巴县劝业员王承烈还在当地与农务分会士绅一起筹

① 宣统元年巴县为定劝业员职掌札县劝工局绅董[Z].巴县档案.光财二.劝工局72.

② 石门农事试验场近状（浙江）[N].申报（影印本），1911-2-20，上海：上海书店出版社，1984：111册：310.

③ 宣统二年九月十八日巴县劝业员王承烈禀请玉案设立试验场并申报籽种收获及试种作物卷[Z].巴县档案.宣财一.总则15.

④ 南部县正堂伏工房呈奉省劝业道周转奉督宪札发咨购英国各项籽种到川试验牍知贵劝业员转农务分会试种的札[Z].南部县档案.21目197.

办了“巴县农事半日学堂”，免费为农民传授农业知识。[①]

在宣统三年（1911年）一、二月“南部县劝业分所调查农业界各项遵办情形月报表”上，可以看到一些该县劝业员在农业方面所做的事情，现将该表抄录于表5-1。[②]

表5-1　南部县劝业员农业事务

事别	农务分会	农事试验场	农事讲习所	蚕桑传习所
正月遵办事项情形	组织佃租公地扩充试验场	解束、压条，添栽湖桑	无	遵章二十日开所，增修丝室，置器具
二月遵办事项情形	开大会筹议本年一切应兴应革事宜，归并分所区段，赴乡调查各场升斗，编白话通告招致会员	接桑、压条，假植宝生苗，耕耘桑园，施用肥料	无	学理逐日上课教授，实习打纲制造“簇蛾袋”，丝室丝具消费
三月	办农业赛会，遵办会员券，调查春季收获情形，查较各场升斗			劝导改缫细丝
四月	到县属九龙观、升钟寺、谢家沟等处调查山蚕，随即招附近多青□山之农民来山参观、指明利益，以为翌年推广地步		随时详细演说钟棉法则及利益	

① 宣统二年五月十二-十四日巴县农务分会启用图记日期及农事半日学堂章程[Z].巴县档案.宣内政.机构增设2.

② 南部县正堂伏工房呈为申赍本县考核劝业员成绩表呈请核转的申文[Z].南部县档案.22目354.

续表

事别	农务分会	农事试验场	农事讲习所	蚕桑传习所
五月			组织学习驱除害虫各法，编成白话告示	

表5-1中反映的虽然仅仅是南部县劝业员在农务方面几个月的活动，但年复一年、月复一月，劝业员应该都是在履行着这些日常公务，对地方农业的发展是起了不小的作用的。

2．帮助农民保护农业生产资料

在四川南部县，当地劝业员配合当地农会集合各地堰工塘工“专门立会研究兴修水利以除弊而裨农功”。[①]为保护耕牛，绵州劝业员刘朴还上奏劝业道“仰恳宪台，通饬各地方官严申私宰耕牛之禁，并饬各劝业员研究《宋陈敷农书·牛说》，传布牧养医治之法”，劝业道据此通饬各属劝业分所“编白话广告劝令农民爱护耕牛、讲求医治之法”。[②]劝业道的各项白话告示，如劝导种树的[③]、实验有效各种作物的[④]等等，都是发交各地劝业员张贴以周知的。

① 四川通省劝业道周工房呈为奉总督部堂赵札饬各属农会与劝业员集合各地堰工塘工先由农会劝业员专门立会研究兴修水利以除弊而裨农功的札[Z].南部县档案.21目172.

② 宣统二年八月八日劝业道通饬巴县劝业所编白话广告劝令农民爱护耕牛、讲求医治之法文卷[Z].巴县档案.宣财一.耕牛1.

③ 宣统元年十月二十日巴县正堂特饬劝业员王发白话告示劝导种树文卷[Z].巴县档案.宣财一.总则3.

④ 宣统元年十一月九日川省劝业道札巴县劝业分所发实验有效各种广告文卷[Z].巴县档案.宣财一.总则5.

3．完成各项调查事项

调查各地实业基本情况，多数是由当地劝业员完成的。如各地农务调查[①]、劝工局调查[②]等等。以四川巴县为例，宣统二年（1910年）七月，四川通省劝业道札饬该县劝业分所将办理实业事项所需经费入款情形调查并填表，九月巴县劝业分所就遵饬填报并上交[③]；七月十四日又札饬札巴县劝业分所调查樟树出产情形[④]；十一月，又"札饬巴县劝业分所摹绘调查土质"，并将重要农产填注、绘图、详细说明。[⑤]此外还有调查当地棬油情形[⑥]、核桃树产额及劝种情形[⑦]、水利情形[⑧]、牛车灌水情形[⑨]、试办棉花情形[⑩]、谷棉烟收获情形[⑪]、山蚕缫丝情形[⑫]以及邮局驿

① 宣统二年七月八日川省劝业道札巴县劝业分所发农务调查表式文卷[Z].巴县档案.宣财一.总则11.

② 川劝业道为打调查表事札巴县[Z].巴县档案.光财二.劝工局60.

③ 宣统二年七月初六日-九月初二日四川通省劝业道札法各属办理实业事项所需经费入款的调查表式及巴县劝业分所遵饬填报案卷[Z].巴县档案.光财二.劝工局19.

④ 宣统二年七月十四日通省劝业道札巴县劝业分所调查樟树出产情形文卷[Z].巴县档案.宣财一.总则30.

⑤ 宣统二年十一月二十四日通省劝业道札饬巴县劝业分所摹绘调查土质几重要农产填註地图文卷[Z].巴县档案.宣财一.总则19.

⑥ 宣统二年二月三十日巴县劝业分所禀复调查棬油情形文卷[Z].巴县档案.宣财一.总则31.

⑦ 宣统三年五月九日巴县劝业分所禀复县属核桃树产额及劝种情形文卷[Z].巴县档案.宣财一.总则32.

⑧ 宣统二年五月二十五日巴县劝业分所向劝业道禀复水利情形并拟呈简章书[Z].巴县档案.宣财一.水力2.

⑨ 宣统二年四月五日劝业道通饬巴县劝业分所调查各地牛车灌水情形拟章禀复文卷[Z].巴县档案.宣财一.水力14.

⑩ 宣统二年三月二十八日巴县劝业分所禀报试办棉花情形文卷[Z].巴县档案.宣财一.作物2.

⑪ 宣统二年九月十三日通省劝业道札饬巴县移文劝业分所奉部札饬调查各省谷棉烟收获情形文卷[Z].巴县档案.宣财一.作物6；宣统二年十月二十二日巴县劝业分所禀报谷棉烟草收获情形数字表[Z].宣财一.作物10.

⑫ 宣统三年三月六日华阳县劝业分所派学生到巴县调查山蚕缫丝移巴县劝业分所文[Z].巴县档案.宣财经二.近代工业21.

站情况[1]等等，甚至对公私营工场户口章程的调查也是经由巴县劝业员完成的[2]。同样，根据现存的南充档案也可以看到，当地劝业员也完成着这样的工作。[3]

这一点对于保存资料、了解当时社会的发展和变化，起着举足轻重的作用。可以说，没有这些劝业员在基层采访、统计、上报各项统计资料，我们今天就没有办法了解到当时的实业情况。

4. 担任该地各种传习所的所长

如在四川黔江，“王大令拟在县筹设简式蚕桑传习所一所……聘本县劝业员许君永洪为所长，吴君克成为教员”。[4]

（二）工业方面

这方面主要是组织劝工局为各项赛会、陈列会等生产物品。各州县的劝工局在劝业员到任后即由其专办，为各次赛会提供了很大比例的产品。

在四川劝业道刚到任时，为青羊宫赛会事就札饬“各属劝工局应将前四次在省城开办赛会得奖之品每年造出若干、销售若干、何日售出、售与何处何人、得价若干造册呈报核实，如

---

① 宣统二年十二月十八日-三年二月三日四川劝业道转邮传部为填报邮局驿站情况调查表札巴县卷[Z].巴县档案.宣财经五.驿站7.

② 宣统元年十月二十日巴县为转发民政部关于公私营工场调查户口章程事致劝业员王移文[Z].巴县档案.宣财二.劝工局6.

③ 四川通省劝业道周工房呈为通饬各属就旧有志书载图摹绘实地调查详注城乡场镇河坝位置各种各地土质、重要农产详填送呈，俾便作为筹改农事之依据的札[Z].南部县档案.21目199；四川通省劝业道周工房呈奉农工部札开本部奏请饬令各省属将五谷、烟草、木棉等项播种收获各情详查申报的申文[Z].南部县档案.21目200；南部县正堂伏工房呈据劝业分所牍呈宣统三年闰六月分农业界所办各项填具调查表呈请查核的片牍[Z].南部县档案.22目166.

④ 新闻[N].成都商报，1910（3）：2.

得奖后置之不问即追回奖牌”。[①]并且，在会后，还继续生产得奖物品以推广其使用。总之，劝业员带动劝工局始终力争保持在州县地方上生产物品的领先状态，并以此带动地方工艺工业的发展。

（三）商业方面

1. 为各种劝业会征集物品

劝业员在商业方面最主要的事务就是为各次赛会征集物品，这在巴县档案及南充档案中屡见不鲜，各级各类劝业会都会经由当地劝业员组织出品。比如《宣统元年十月十九日省劝业道为征集第五次劝业会陈列物品事札巴县劝业分所卷》[②]《宣统二年二月二十七日四川劝业道为筹备省第六次劝业会事札巴县文》[③]《宣统二年九月十二日巴县政府致巴县劝业分所牍通知参加省城第六次劝业会有关事项卷》[④]等等。

例如，为宣统二年（1910年）四月的南洋劝业会，四川南部县于前一年（1909年）三月就“经前任县史令遵札转饬劝工局将县属境内所有特产原料雇用名工于劝工局内竭力制造精美之品，按格备送，务于本年腊月内呈由本县验明申送。……为此仰该员（该县劝业员）即便遵照，先令札行妥速办理，依限选造，送县以凭特申，勿稍延误”。并且劝业道还规定“（物

① 通省劝业道周工房呈为札饬各属劝工局应将前四次在省城开办赛会得奖之品每年造出若干、销售若干、何日售出、售与何处何人、得价若干造册呈报核实，如得奖后置之不问即追回奖牌的札[Z].南部县档案.20目280.

② 宣统元年十月十九日省劝业道为征集第五次劝业会陈列物品事札巴县劝业分所卷[Z].巴县档案.宣财二.劝工局4.

③ 宣统二年二月二十七日四川劝业道为筹备省第六次劝业会事札巴县文[Z].巴县档案.宣财二.劝工局3.

④ 宣统二年九月十二日巴县政府致巴县劝业分所牍通知参加省城第六次劝业会有关事项卷[Z].巴县档案.宣财二.劝工局13.

品）明年（1910年）正月即当由川省起运，各物到省审择装饰包裹尚需时日，至迟于十二月十五日以前汇齐所有该县选造之品。”①

这些劝业员，在当地直接为各项赛会征集物品，为各项赛会的顺利举办和产品的丰富做出了很大贡献。可以说，如果没有他们，无论是第一次南洋劝业会还是青羊宫赛会，都会失去很大部分参展物品，也会失去很多光彩！

2. 澄清谣言、安定商情、提出改良意见等

宣统三年（1911年）闰六月，有不肖羊贩散播“官禁牧羊、限日饬卖”的谣言，德阳县劝业员范濂禀请劝业道，通饬各牧令团保予以查禁，并且“以后遇有不肖之徒妄造一切关于实业之谣言，务即立为解释开导，或立即遣人报明劝业分所，务得漠视不问，致使愚民受害”。②有时，他们还根据当地情形提出商业上的改良措施。同年，庆符县劝业分所就根据商务习惯调查问题及参酌地方情形上书拟请改良：商家学徒应自由、各行经纪有弊病、应设供众阅报之地。③

（四）矿业方面

在这方面主要是查看、调查并保护当地的矿产，据《修改四川通省矿务公司章程》④规定：

---

① 南部县正堂侯工房呈奉四川劝业道周札催明年南洋劝业会四川赴会物品札仰该劝业员依限选送毋违的札[Z].南部县档案.20目161.

② 四川通省劝业道胡工房呈据德阳县劝业员范濂禀请通饬各牧令团保查禁不肖羊贩控造官禁牧羊限日饬卖之谣言一案[Z].南部县档案.22目325.

③ 四川劝业道周工房呈据庆符县劝业分所申赍商务习惯调查问题及参酌地方情形拟请改良等情转饬各属遵照办理的札[Z].南部县档案.22目326.

④ 修改四川通省矿务公司章程[N].商务官报（影印本），1910-4-25，台北：国立故宫博物院印，1982：5册：201.

第二十九条：勿问已开未开、官办商办、独办合办，但系有矿之地皆由劝业员亲往履勘。

第三十条：劝业员（将矿地各项情形）勘查明确禀报劝业道，由劝业道总照会公司分路编号，迨覆请转饬劝业员按号标记。

第三十二条：标记之法，劝业员按照总公司所编号数亲赴各矿地刊石为标，载明“四川通省矿务总公司某路第几号某矿”字样，矿地有石壁可以刊记者即刊之壁间；无石壁者埋石为标。……凡标记之地，劝业员每年应往复勘一次，查其标记有无剥蚀、地权有无私转。

第三十三条：已标未开之矿勿论租卖与人开采或自愿开采均应先行抱知劝业员转禀劝业道发给执照……如有私佃私卖私开，一经劝业员查出牒呈地方官查复的确，予以相当之惩处，其所得权利立即消灭。

川省各地的劝业员基本上按照上述章程，切实查矿、标矿、护矿。

在盐源县，保正谢涵芸将矿地标记毁坏了，该县劝业员陈志远即上报劝业道，劝业道为此“通饬各地标记责成该处团保妥为保管，如有毁拆即令照赔”。[①]四川矿产不算丰富，主要是“硝”（主要用于制造枪火等）的开采。在开采之前，劝业道就札饬各县调查当地矿产情形，如宣统元年（1909年）九月一日

① 四川劝业道胡工房呈为通饬各地标记责成该处团保妥为保管如有毁拆即令照赔的札[Z].南部县档案.22目339.

劝业道就札饬巴县查勘琵琶硐硝产情形[1]，并规定各县硝户年须任交硝三百斤以上方准熬炼，并且“收买地皮废墙之硝户须邀保赴劝业分所注册”[2]。在开采的过程中，各硝商开采的矿产数量也要由劝业分所按月填表申赍[3]；为防开矿商人作弊，劝业道还根据天全州劝业员的禀复，通饬“嗣后无论窿户所缴多寡由矿员亲书收条，交劝业分所加盖图记，既知余款数又免侵挪隐匿”[4]。在运硝时，也必须赴当地劝业分所领取运票，若“运硝无票即以私硝拿获送究”。[5]在硝的买卖过程中，劝业道根据巴县劝业分所的报告，通饬各属“凡购硝者领取准买票，此票由劝业分所钤记，发交团保代为执行”[6]。

总之，根据四川的情形，全国其他地方的劝业员应该也是处理着这些日常实业事务，南充档案中还有宣统二年（1910年）十二月底《南部县正堂伏工房呈为申赍本县考核劝业员成绩表呈请核转的申文》[7]，文中对该县的前后两位劝业员的工作做了一个汇总，现将材料改为表5-2详列于下。

---

① 宣统元年九月一日劝业道札饬巴县查勘琵琶硐硝产情形卷[Z].巴县档案.宣财二.矿业4.

② 保宁府正堂杨兵房呈奉劝业道周札为变通所有硝章第廿四条改为收买地皮废墙之硝户须邀保赴劝业分所注册，年须任交硝三百斤以上方准熬炼的札[Z].南部县档案.21目99.

③ 四川劝业道周兵房呈据乐至县劝业分所禀称请将官硝章程第卅二条变通行县照办的札[Z].南部县档案.21目98.

④ 通省劝业道周工房呈据天全州劝业员禀复各情甚属可行，通饬嗣后无论窿户所缴多寡由矿员亲书收条，交劝业分所加盖图记，既知余款数又免侵挪隐匿的札[Z].南部县档案.21目159.

⑤ 南部县正堂伏兵房呈奉劝业道周札开今后硝户运硝均赴劝业所请领运票各巡警团保务认真巡揖迁有运硝无票即以私硝拿获送究的晓谕通知[Z].南部县档案.21目102.

⑥ 宣统二年四月九日四川劝业道札巴县劝业分所关于通饬各属凡购硝者领取准买票此票由劝业分所钤记发交团保代为执行案[Z].巴县档案.宣财二.矿业22.

⑦ 南部县正堂伏工房呈为遵饬详查本县原任、现任劝业员王懋怀、周大杰办事成绩按式填加考语申报核办的申文[Z].南部县档案.22目353.

表5-2　南部县劝业员事务

	王懋槐	周大杰
到差年月	宣统元年（1909年）九月初一日	宣统二年（1910年）十一月十八日
离差年月	宣统二年（1910年）九月十七日	
农务	推广试验场、添种桑秧三万余株、并在省领回棉花籽种、分发各区、又将种棉方法演成白话、张贴各处、其棉实比土种所结较多四五十个、开办第一次农业赛会、襄办蚕桑传习所一所、山蚕三处、农业学堂一堂、一切布置经费均经汇报	循照前劝业员所办办理
工务	牍呈前县添筹款项、续修劝工局门格、墙垣、厨房、厕所、提倡工艺、就本地土产原料、雇匠招徒、分科教授、专重土花土线、不用洋纱、并襄办贫民工厂、收留无业游民及赤贫子弟、雇匠教习粗浅工艺、均有成效	循照前劝业员所办办理
商务	县中商务分会前经县史令□□□□□、当经该员牍县、另行邀集各帮投票、公举总理、又在各场设立茧币、改用天平十六两、另招妥实秤手	循照前劝业员所办办理
矿务	查勘矿产一次、牍县招募妥商试办	查勘矿产一次
邮传		

续表

	王懋槐	周大杰
加考	襄办实业略有基础	查现任劝业员周大杰系于宣统二年十一月十八日到差、截至是年十二月底上，甫经月余，其办理农工商矿，均依循□前劝业员所办办理，尚无办有成绩之事，是以未予加考理合登照

虽然劝业员个人有勤有惰、能力有大有小、人品有好有坏，但不可否认很多劝业员都在切实做着这些“调查、筹办、改良、维持等事”，在当地直接推动着实业的发展。正如四川劝业道周善培之言“劝业分所具有公法人之性质……为地方一切实业行政之总枢”[①]，劝业员作为劝业分所的主管，为地方实业进步做出了不可磨灭的贡献。

总之，劝业道在清末的最后几年中，对地方各项实业实施着全面的管理。这些公务在劝业道设立之前基本上是由督抚及各局所管理，归由劝业道总管之后，可以促进各项实业的平衡发展、提高办公效率。在农、工、商、矿及交通这五项实业中，劝业道对前四项都履行了管理的职责，但对于铁路事，由于铁路多跨省、跨地区，所以铁路基本上是中央政府邮传部和

① 通省劝业道周工房呈据乐山县劝业员尹世桢禀称劝业分所章程内载凡农工商矿各事劝业员均有管理查核之权等情，现将劝业员奉办或筹办农商及其他实业之权限规定数项饬属遵照的札[Z].南部县档案.22目149.

各地督抚在实施管理权，劝业道只是承令在当地调查保护等，并没有实际决定的权力。如浙江劝业道就在宣统二年（1910年）十二月初二日禀呈农工商部“申明禁止匪徒窃毁电线”[①]。同中央设立了专官实业的农工商部的意义一样，在地方设立专官地方实业的劝业道也具有非凡的意义。

① 浙江劝业道详本部申明禁止匪徒窃毁电线文[N].交通官报（影印本），1910(30)：13-14，台北：文海出版社，1987：近代中国史料丛刊三编（第27辑 交通官报）8册：329-330.

第六章 以劝业道、劝业公所人员等为代表的新式官员的现代性转型

清末民初，是中国由传统转向现代的时期。前人已就这一转型从社会、政治、经济、文化等方面做了许多细致入微的考察。历史的变化，终究是由人来推动的，也必然体现在人本身的变化上。劝业道道台和劝业公所的人员，本为新政之新人，其任该职时又恰逢清亡之际。从这一中级官员群体在这一特殊时期的个人选择与人生际遇中，我们也许更能体察“转型”这一枢要时段。对此，王鸿志曾有专文《逃亡与职守：民国改元劝业道的际遇及抉择》①进行探讨，在此笔者也就自己所搜集之资料进行一些有益的补充。

一、部分劝业道、劝业公所人员清亡后之政治生涯举析

中国传统型官员，在前朝覆灭后一般在新朝就不再入仕。毕竟，“贰臣”之名对传统读书人而言，依然是很难接受的恶名。虽然极少有人自杀“效忠”，但为“寓公”则是多数传统型

① 暨南大学历史系，暨南大学近代中国研究中心编.“共创历史：精英人物与近代中国”学术研讨会论文集（上册）[M].北京：中国社会科学出版社，2013：521-534.

官员的选择。清亡后的情况却有很大不同，不少前清的高级官员，尤其是汉族官员，都在民国继续仕途。虽然有各种政治原因，但文化价值观的转向却是要紧的因素。劝业道的道台们在清政府灭亡后也基本上没有主动退出政治舞台。编撰于民国九年的《最近官绅履历汇录》，介绍到了一些前清劝业道官员在民国的任职情况，现列于下：

王曾绶现任国务院秘书厅佥事，五等嘉禾官。

胡翔林任过汉口造纸厂厂长、江苏财政厅厅长。

胡铭槃任过浙江财政司长。

徐鼎康任过吉林民政使、吉林内务司长、护理吉林民政长、安徽安庆道道尹。

黄开文任过“同成铁路”总公所督办、总统府大礼官。

董元亮在清亡后任过福建行政公署科长、福建西路观察使以及奉天财政厅厅长。

赵从蕃则任过安徽清理财政正监理官、财政部秘书管理总务厅事务，并署理过江西民政长，大总统府军需局会办，代理财政次长，还任过津海关监督。

刘孝祚，在辛亥革命后担任了福建都督署秘书长。

韩国钧担任过吉林民政长，江苏民政长改巡按使以及安徽、湖南巡按使。

高松如曾任湖北矿务督办和武昌造币厂会办。

周善培倡导和督促成立了川江轮船公司，还参与讨袁护国运动；国民政府成立后，则潜心治学，不问政事；抗战初期在天津设电台，代表四川省主席刘湘对外联络；中华人民共和国成立初还任民生公司董事长、全国政协委员。

孙多森于民国元年（1912年）官至安徽实业司司长[①]。

在劝业公所工作人员方面，笔者对四川的情况较为熟悉，现列于下。

总务科副科长张习著有《四川盐务局第一次报告书》，他在辛亥后自1912年4月起任四川盐务局局长、自1917年4月起任四川查办副使。

农务科副科长祝鼎也是一生从事教育事业和改良蚕种。

屈德泽在民国成立后，回湖北出任了首任湖北实业公司司长，立管全省工商企业，并在武昌办主湖北农桑讲习所，设有养蚕、巢丝等到科研成果目，指导和推动湖北蚕桑种植树的发展。1923年在屈德泽的提议下成立了湖北水利局并担任局长，主持治理江汉平原及襄河下游水患，取得了一定的成绩。1931年夏斗寅主鄂后，屈开始主办棉业试验场达六年，引进美日优良棉种推广种植，并获成功，被棉农们命名为"屈棉"，1938年武汉沦陷前返回宜昌，他任宜昌县财经委员会委员长。严昌洪先生在《世纪的觉醒——上世纪之交中国人对20世纪的认知》一文中还引用了屈德泽1903年发表在《湖北学生界》的《世界农业一斑》，其中有"十九世纪之世界，致力于实业不敌致力于军事；二十世纪军事竞争之舞台移之于实业，而实业遂有左右世界之力"之语，可见其人对实业的重视。

谢霖在清亡后就职于大清银行。为了维护我国主权和民族利益，谢霖于1918年6月上书北洋政府农商、财政两部，建议设立"中国会计师制度"。经批准后，谢霖受两部委托起草了《会计师章程》（草案）十条，于同年9月7日公布试行；同时，

① 汪谦干.论安徽寿县孙家鼐家族对中国近代经济发展的贡献[J].民国档案，2004（2）：106-113.

北洋政府农商部向谢霖颁发了第一号注册会计师证书，谢霖成了有史以来中国第一名注册会计师并设立了我国第一个会计师事务所——“正则”会计师事务所。他所采用的复式记账法及所设计的银行会计制度，为中国银行会计制度奠定了基础，并培养了大批会计人才。中华人民共和国成立后，谢曾任成都市人大代表、四川省政协委员、四川省工商联委员等职，有《实用会计学》等著作。

孙海环乃清末进士孙锵之长子，在清亡后继续致力于矿业，后任彭县铜矿局局长、湖北房县五官矿局经理等职。1916年自行设计、制造炼铜炉，性能良好，遂以“孙炉”命名，并著有《孙炉图说》。1919年离川，侍父于杭州。翌年，应湖北房县五官矿局之聘，任经理。1923年任浙江省地质调查所所长，主编《浙江地质简报》，主持全省地质资源普查，查勘奉化银山岗铅矿资源。后在浙省实业厅（后改建设厅）主持矿务。

从以上5个典型人士的经历中我们可以看到，在劝业公所任职的经历对其专业技能、管理能力等各方面的成长显然起到了良性作用。

应该说，担任管理实业专官的经历使很多劝业道得到了这方面能力的锻炼，而他们大多也走上了自己办企业或担任管理官职的实业之路，对他们个人的影响无疑是巨大的。实业毕竟是不同于传统社会的新兴行业，而劝业道也毕竟是中国首次出现的管辖实业的省级专官。可以说这样的经历帮助了这些人更快地适应了社会转型，使他们中的很多人在民国有更大的作为。

二、新式官员的现代性转型简析——以周善培为例

对于周善培，王笛先生曾有专文——《周善培》[①]进行介绍，而《四川省人物志》[②]也主要根据王先生的文章将周善培作为四川名人进行了简介。周善培的仕途是由传统的科考开始的，他于光绪甲午、丁酉等科应顺天乡试，两次中式副榜。戊戌变法前，周善培曾经在湖南任职，与梁启超、谭嗣同、刘光第等相知，也属维新改良派人物。与周善培同隶绍兴，并曾在其幕中做事有年的黄遂生曾有《周善培的一生》[③]一文，文中对周善培该段经历有这样的描述：

> （丁酉）闱后，新简湖南学使徐仁铸闻其（指周善培）名，聘为试卷评阅，（周）遂入湖南。一时接纳名流，得与梁启超、谭嗣同、刘光第、陈三立等为友。次年戊戌，清帝诏开经济特科，徐仁铸把他保荐入奏。旋遭政变，兴大狱。保国会人多自危，他因与梁谭等独厚，尤不安，东渡日本以防祸及。在日本时，竭力与日本维新名流相周旋，大隈重信、犬养毅等，又因梁启超之介绍，得识孙中山。

东游日本三年后，周氏至1902年回国。首先看中周善培的是清末风云人物岑春煊[④]，光绪三十四年（1909年）十二月，

① 王笛.周善培[A].任一民主编.四川近现代人物传(第4辑)[C].成都：四川大学出版社，1987：122-129.

② 四川省地方志编纂委员会编.四川省人物志[M].成都：四川人民出版社，2001.

③ 黄遂生.周善培的一生[A].中国人民政治协商会议四川省委员会四川省省志编辑委员会.四川文史资料选辑（十三辑）[C].内部发行，1964：177-187.

④ 敖天颖.清末预备立宪中的岑春煊[A].四川省政协文史委员会，四川省历史学会编.辛亥革命与中国现代化——四川省与成都市纪念辛亥革命暨保路运动九十周年论文集[C].成都：四川教育出版社，2002：448-458.

御史张世培曾参劾了周善培，川督赵尔巽在回折中称：

查周善培前以双月选用主事，经前署两广督（臣）岑春煊奏调两广差委，周善培续由主事改捐知县、加捐知府、递捐道员，指分四川试用，于光绪三十二年正月经岑春煊给咨引见到省。旋经岑春煊于广西肃清案内保以道员分省，归候补班前先补用，并加二品衔。未闻有收受请托、斥逐出幕情事。

而周氏在任川省劝业道之前的做官情况，从该折中亦可窥一二：

查川省警察总局门首，前升道凤全总办局务时曾设有站笼刑具，继由周善培到任后撤去，此后即未再设，是站笼由该道撤除非由该道创设。

查省城人稠地密，某食艰难，贫家妇女每至暗地为娼往来，良莠不齐，棍徒藉以滋事。周善培前办警察，查得此项土娼禁不胜禁，若不加以稽查，奸宄因而易生。爰仿天津等处办法，明定禁限，使娼家别处一区，有散居区外不愿改业者于门首钉牌监视，以期查察易。周事属创始，人情不无怨怼。（奴才）近饬设济良所以资劝化，迁善者亦复无几。至有无羞愤自尽，遍查无人控告，亦无案据可稽。

川省生齿日繁，贫儿失养者多，前督臣锡良悯之，倡率寅僚捐廉充费，于省城内兴立幼童工厂一所，收养贫苦孩童教以工艺。周善培总办局务时，因幼孩资质尽多聪健，虽为慈善事业，宜仿学堂办法增设功课，兼习兵式体操。现在京内外公民立中小学堂皆有兵式体操，不得谓有他义。

光绪三十三年，法公司苏梅斯拟由宜昌至重庆开办拖轮。……（赵尔巽）檄委周善培前往查勘考察自办行轮。旋经该道禀由赵尔巽饬令川东商务局总办陈遹声、舒锯祥会同该道招集重庆绅商会议，创立官商合办川江轮船有限公司，拟集股本银二十万两，先收十万两，官四商六，计商股六万两，皆由重庆大商招集，即公司之总协理亦由商帮公举。已于光绪三十四年由公司延聘英人普蓝田充当船主，在英国所尼船厂监造拖船、货船各一只，共价英金一万五百四十五镑，约在本年夏季船只即可来川。始终商办商捐，该道概未经手，并无勒捐之银，亦非一事未办。

川省人才本乏，如周善培虑事之详、断事之敏、任事之勇者实不多觏，似未可以以往之憎兹多口遂视为全体之无所取材。……现察其于劝业一职，实心筹划，精力又足以副之，可望起色。①

在赵尔巽奏请由周善培署理四川劝业道的奏折中，他这样阐述理由：

该员勇于任事，精力弥满，熟悉通省情形，现充商矿劝工等局总办，皆能措置裕如，成效渐著。奴才到任以来，委任各事，见其任劳任怨、力果心精、思虑周详，不同流俗。②

① 四川总督赵尔巽奏查明道员周善培被参各节摺[N].政治官报（影印本），1909-闰2-2，台北：文海出版社，1965：19册：45-48.

② 四川总督赵尔巽奏请以高增爵试署巡警道、周善培试署劝业道摺[N].政治官报（影印本），1908-9-30，台北：文海出版社，1965：13册：555.

从上述奏折看来，除了岑春暄，赵尔巽对周善培也很看重。

赵尔巽之后，护理川督王人文也对周有所称赞，于宣统三年六月初四上《奏请将劝业道周善培松引片》：

> 兹查有劝业道周善培因应事机、智虑警敏，臣赋性鲁钝，于外交尤非所能，每有繁难，辄与商榷，皆能措置咸宜，赖无贻误。其试署劝业道已经四载，凡职分应办之事无不纲举目张。臣前奏报该员成绩，业经缕析。……臣既知其才，又深信其可恃用，敢据实保荐。[①]

关于周善培在主办警政和劝业道的工作情况，除了这些保荐官员的赞誉外，在 Kristin Stapleton 先生的著作 Civilizing Chengdu：Chinese Urban Reform 1895—1937 中，也多有介绍，且多为正面肯定之辞。比较集中见于该书第三和第四部分——The Key to Urban Reform: The New Police; The Winds of Progress: The Late Qing Urban Reform Agenda（该书77—150页）。书中还有很多珍贵的照片，可以从中窥见当时成都的一些清新风气。[②]

简单回顾周善培在清末的任职经历，在戊戌政变后，他于1902年先担任四川警察局总办，训练了四川省首批警官，使成都警政面目一新。1908年，担任四川劝业道总办，一方面统筹农工商矿事业，鼓励民间发展实业；一方面发展近代商会组织，举办以销售展览为宗旨的赛会；并进而推动四川的实业教育，由劝业道直接开办了几种实业学堂，还在成都设立能容纳

---

① （护理四川总督王人文）又奏请将劝业道周善培送引片政治官报[N].政治官报（影印本），1911-6-4，台北：文海出版社，1965：47册：78.

② Kristin Stapleton.Civilizing Chengdu: Chinese Urban Reform （1895-1937）[M]. Harvard University Press，2000.

300余家商户的劝业场。

而在清亡后，周善培也活跃于政经舞台，他参与了讨袁护国运动。在讨袁护国战争结束后，周善培还曾出任大总统黎元洪的顾问。在有关卢作孚的研究中，论者数次谈及周善培与川江航运公司的渊源。国民政府成立后，根据《中华民国史资料丛稿大事记》的记载，1922年2月20日，他曾代表段祺瑞到广州进行联络。[①]而在中华人民共和国成立初，周善培曾任民生公司董事长以及全国政协委员。根据司徒美堂先生之秘书司徒丙鹤的回忆，作为曾经历辛亥革命的耆宿，周善培于1949年9月26日参加了由周恩来、林伯渠邀约的午宴，并讨论"国号"问题。司徒丙鹤记道："再是前清进士周致祥（即周善培），据说辛亥革命后'归隐'38年，生平不写民国国号，但目前拥护共产党和毛主席。他说，我反对仍要简称，什么中华民国，这是一个祸国殃民、对群众毫无好感的名称。20多年来更被蒋介石弄得不堪言状了。我主张就用中华人民共和国，表示两次革命的性质各不相同。"[②]

综合以上资料，可以看出周善培为官任事的一些特点。

第一，年富力强。周善培任劝业道道台时仅34岁，在所有担任过此职的人士中，他和吉林劝业道徐鼎康（任职时31岁）以及江宁劝业道李哲濬（36岁），当属最年轻的3个人了。在各份奏折中，都说到周善培精力旺盛，有不错的体力来保证劝业道这个庞杂衙门繁重的日常工作。

① 中国社会科学院近代史研究所，中华民国史研究室编.中华民国史资料丛稿（大事记第八辑）[M].北京：中华书局，1979：24.

② 中国人民政治协商会议全国委员会文史和学习委员会编.文史资料选辑（合订本·第三十八卷·总第110—112辑）[M].北京：中国文史出版社，2011：24.

第二，立意改革。尤其在赵尔巽所奏报的那些事中，周善培的行为不乏创新之举。据说周善培曾被人称为“周秃子”，该名并非指其秃头，而是因其在地方官员中是较早剪掉发辫之人，其思想之新锐可见一斑。但凡在工作中要进行革新，都必然会引起一些人员的不满，老道的官员一般会选择维持原状，而周善培则在每个官职任上都有一些革新举动，如前面提及对土娼的管理，当然更多的是在劝业道任上对四川尤其是成都所进行的变革措施，此后当有专文论及。

第三，思想趋新。对新兴事物有一定认识，对新政不排斥，甚至可以说是新政的积极分子。从周善培所担任过的官职看来，他一直都是“新派”人士。四川警察局总办、劝业道道台，都是清末新政中地方官制改革的重要职位。并且，周善培在民国政府和中华人民共和国政府中也曾担任过职务。他在自己所写的《辛亥四川争路亲历记》[①]中，虽对自己屡有溢美之词，但其对新兴事务包括新的政治体制并没有反对之意也是清晰可见的，他并非冥顽不灵的“前清遗老”。

在清朝末年的风云际会中，周善培应该说是一位求新、求变的新派人士。清季在大多数直省已设立劝业道后，由于其道台多由裁缺人员改授，或在候补班中按资补名而来，令清廷感到可能有不胜任或于该官职不相宜的情况存在，便于宣统二年（1910）要求各督抚悉心考核各官，于是造成大量劝业道台被开缺，只有周善培以及浙江劝业道董元亮、江西劝业道傅春官、江宁劝业道李哲濬等少数几人顺利地通过了这场考查。由此可

① 周善培.辛亥四川争路亲历记[M].重庆：重庆人民出版社，1957.

见周善培还是比较称职的。前所提及黄遂生的文章最末这样评价了周善培："在清光、宣年间，海内知名之新政能员，有唐绍仪、伍廷芳、熊希龄、郑孝胥、温宗尧之流，善培亦其中之一。"[①]周氏能否与以上诸人相提并论，还需进一步探讨论证，但是其在四川劝业道任职期间的表现，基本上还是得到了好评的。

① 黄遂生. 周善培的一生[A]. 中国人民政治协商会议四川省委员会四川省省志编辑委员会.四川文史资料选辑（十三辑）[C]. 内部发行，1964：190.

结　语

劝业道的设立是清末新政中地方官制改革的重要内容，其秉承中央商部的设立，涉及政府力图在直省一级地方加强对包括商业、工业等在内的各项实业的管理，并努力推动其进步，体现出政府对实业的倡导；在劝业道的设立基本完善之后，又在县乡级任命了劝业员，以在县乡基层地方倡导实业的进步和发展，并与中央的农工商部、省城的劝业道相对应。这一改革前所未有地将实业管理延伸到了国家的基层。

劝业道是清季官制改革中新设立的一个专管全省农工商业及各项交通事务的四品官员，以劝导、督率一省之各项实业，其设立与清政府推行振兴实业政策和举措密切相关，也是清末新政地方官制改革的主要举措之一，同时也适应了清末工商业发展现状与商人“保商惠商”的要求。

各直省设立劝业道并非同时一举而成，而是从光绪三十三年（1907年）七月到宣统二年（1910年）十二月期间陆续设立的。光绪三十三年有四省设立：奉天、湖北、吉林及山东，光绪三十四年（1908年）有七省设立，即湖南、贵州、安徽、云南、广东、江西和四川，宣统元年（1909年）有陕西、浙江、河南、广西四省设立，余下的五省（直隶、江宁、福建、山西、甘肃）则在宣统二年（1910年）设立。劝业道一般由裁缺道台改任，在署理劝业道之前，大多曾办理过农工商政，是有一定经验的实业官员。在各省城成立的劝业公所则是劝业道的办公衙门。

基于劝业道及劝业公所的职能，其机构组成可分为横向即劝业公所本身的机构组成和纵向两方面。公所的机构基本上都设立了总务、农务、工艺、商务、矿务和邮传六科。但在部分矿务不发达的省份，至少在刚开始时并未设有矿务科，而有的省则将商务和邮传合为一科。劝业道的下属机构，可分为纵向的两条线，其一是各省原设的局所等管理机构，如矿政调查局、劝工局、垦务局等，其二是劝业员及劝业分所这一系列管理人员和机构。

劝业道出身于科举又比较精通实业，他们中不少是官商合一的代表人物，在清朝灭亡后有的还继续在民国政府任职。劝业道们的俸银都是按照四品官员的标准，为一百零五两，养廉银和办公经费则由于官属初设，各省根据情况自行定额而有所不同：前者每年约在两千两到六千两之间，后者每年约在两千两到一万六千八百两之间，差异较大，并且几乎每项收入都没有全数支给。同时，在劝业公所里工作的人员有的出身科考，有的则是新式学堂的毕业生，并且多有官阶，是正式的官员。一般从国外留学回来的学生更受欢迎，甚至可以担当科长之职；并且在内陆、中部和沿海地区，任用毕业生的比例基本上是差不多的。公所每年有农工商部拨给的两千两经费，每位职员的收入视官阶不同每年约在六百两到两千两之间，故毕业生多愿意到劝业公所投效。在地方各县，又有了由当地缙绅担任的劝业员，但他们薪水比较低，每年仅约有二三百两。

劝业道在新形势下负责管辖、倡导全省的一切商业、工业，各种产品的生产、销售，工厂、企业的开办，以及提高商人士气、促进社会对实业的认同与重视。劝业公所在劝业道领导下处理着一省的各项实业日常事务，如批准公司开办、兴办各项实业机构、处理商业纠纷等等。而劝业员则在当地劝导各项实业的开发和实业学堂的建立，并提倡当地百姓参加实业学习，还要调查当地实业情形并统计资料，留传后世。通过他们与中央商部的共同努力，政府对各项实业的管理更相对专业而划一，也比较全面而直接，办事效率也得到一定提高。

劝业道的设立涉及官商关系，学界以前由于对清末新政完全持否定态度，所以基本认为设官是对商人的剥削和勒索；随着学界对新政有了新的评价，对新政中设立的官职也有了新的认识。当然，处于当时体制下的官场，劝业道和劝业公所的官员们难免会有以权谋私等事情发生。但是从对劝业道公务的分析中可以看出，在当时，劝业道的设立及劝业公所的运行对商人、对实业的发展还是利大于弊的，因为这些公务并没有妨碍或阻挠其发展，并且由于管理更专一，对实业整体而言是起推动作用的。官商之间，是既合作又压制、既有共同利益又互相算计的双向、复杂的利益关系，商人对劝业道个人虽偶有不满，但称赞也不少。如对四川劝业道周善培，则赞誉较多，如时人曾撰写《成都无丐》以赞许周的为官。[①]中央设立专门官员对实业实施管辖，就是要完善管理，规范、纠正商人的一些不法行为，指导他们从事更有利的行业，为他们创造更好的社会环境，协调各方利益，更为他们培养人才，从而从长远的角度与商人共同谋求整个社会的发展。这正是官方所有、商人不可替代的对实业发展的作用，而劝业道、劝业公所人员和劝业员正是代表着官方实施这些管辖，从而振兴实业。后人在评价历

① 孙安邦主编.民国笔记小说大观（凌霄一士随笔 第3辑）[M]. 太原：山西古籍出版社，1997：117.

史时，切忌不要有“一步到位”之要求，历史如现实，往往只能做“两害相权取其轻”的思想准备。以此来评价劝业道的历史功用，其开创但骤难完善之功，也许更该为当世记录。

当然，由于资料和时间所限，本文还有一些研究不到位之处，如江苏和直隶两省是清廷在设立劝业道之初就要求先行设立以为榜样的，然而二省都是在宣统二年（1910年）才设立了此职，远远落后于其他省份，其中原因还有待进一步考察。此外还有劝业道与商会的关系，以及从中体现出的督抚、劝业道与商会、商人之间的关系，也有待于进一步的研究。

参考文献

一、档案

[1] 巴县档案（所有巴县档案系用四川大学历史系60年代手抄本，在此特表深切感谢）

[2] 南部县档案（南充市档案馆藏）

二、报刊杂志

[1] 《申报》（1907. 5—1911）

[2] 《盛京时报》（1907. 5—1911）

[3] 《北洋官报》（1907—1909）

[4]《两广官报》（1911. 5—8）

[5] 《交通官报》（1909. 7—1910. 12）

[6] 《商务官报》（1910. 4—1911）

[7] 《四川官报》（1907. 5—1911）

[8] 《南洋官报》（1907. 8—1908）

[9] 《两湖官报》（1908. 11）

[10] 《大公报》（1907. 5—1911）

[11] 《时报》

[12] 《民呼日报》（1909）

[13] 《民吁日报》（1909—1911）

[14] 《民立报》（1911）

[15] 《中国日报》（1907）

[16]《东方杂志》(1907. 5—1911)

[17]《江苏》(1903)

[18]《苏报》

[19]《浙江潮》(1903)

[20]《四川》(1908)

[21]《云南》(1908. 6)

[22]《广益从报》(1908. 11—1909. 12)

[23]《皭报》(1909—1911)

[24]《国民日日报汇编》

[25]《成都商报》(1910. 2—1911. 3)

[26]《蚕从报》(1910—1911)

[27]《国风报》(1910. 2—1911. 7)

[28]《公商学报》(1910. 6)

三、史料集

[1] 故宫博物院明清档案部编. 清末筹备立宪档案史料[M]，北京：中华书局，1979.

[2] 中国史学会. 中国近代史资料丛刊·辛亥革命[M]. 上海：上海人民出版社，1957.

[3]（台）沈云龙. 近代中国史料丛刊（一二三辑）（主要包括《宣统三年冬季职官录》《辛亥四川事变之我》《清季各省兴学史》《中国商战失败史（一八七六——九一五）》《周止菴先生自叙年谱》《陇右纪实录》《最近官绅履历汇编》《锡清弼制军奏稿》《国闻周报·名人录·时人汇录》《民国职官年表》《蜀海丛谈》《徐愚斋自叙年谱》《大清新编法典》《止叟年谱》《光绪政要》《退耕堂政书》等）[M]. 台北：文海出版社，1967—1988.

[4] 汪敬虞. 中国近代工业史资料（第二辑）[M]. 北京：科学出版社，1957.

[5] 陈真，姚洛合. 中国近代工业史资料[M]. 北京：生活·读书·新知三

联书店，1957.

[6]（清）朱寿朋. 光绪朝东华录[M]. 北京：中华书局，1958.

[7] 清实录·德宗景皇帝实录[M]. 北京：中华书局影印，1987.

[8] 宣统政要[M]. 北京：中华书局影印，1988.

[9] 马敏，肖芃；华中师范大学中国近代史研究所，苏州市档案馆合编. 苏州商会档案丛编[M]. 武汉：华中师范大学出版社，1991.

[10] 李明勋，尤世玮主编；张廷栖，陈炅，赵鹏，戴致君执行主编；《张謇全集》编纂委员会编. 张謇全集 [M]. 上海：上海辞书出版社，2012.

[11] 宓汝成. 中国近代铁路史资料[M]. 北京：中华书局，1963.

[12]（清）刘锦藻撰. 清朝续文献通考[M]. 北京：商务印书馆，1955.

[13] 彭泽益编. 中国近代手工业史资料（1840—1949）[M]. 北京：中华书局，1962.

[14]（清）端方撰. 大清光绪新法令[M]. 北京：商务印书馆，1910.

[15] 中国地方志集成·四川府县志辑[M]. 成都：巴蜀书社；南京：江苏古籍出版社；上海：上海书店，1992.

[16] 天津市档案馆等编. 天津商会档案汇编[M]. 天津：天津人民出版社，1989.

[17]（清）郑观应. 盛世危言：首为商战鼓与呼[M]. 郑州：中州古籍出版社，1998.

[18] 夏东元. 郑观应集[M]. 上海：上海人民出版社，1982.

[19] 张枬，王忍之. 辛亥革命前十年间时论选集[M]. 北京：生活·读书·新知三联书店，1977.

[20] 民国小说笔记大观[M]. 太原：山西古籍出版社，1995-1997.

[21] 清代史料笔记[M]. 北京：中华书局，1959.

[22] 清代史料笔记丛刊[M]. 北京：中华书局，1990.

[23] 钱实甫. 清代职官年表[M]. 北京：中华书局，1980.

[24] 荣孟源，章伯锋. 近代稗海[M]. 成都：四川人民出版社，1979—1999.

[25] 丁守和. 辛亥革命时期期刊介绍[M]. 北京：人民出版社，1982—

1986.

[26] 王绿萍，陈祺. 四川报刊集览[M]. 成都：成都科技大学出版社，1993.

[27]（清）沈桐辑. 光绪政要[M]. 台北：文海出版社，1985.

[28] 中国边疆丛书（盛京、吉林、新疆、西藏、蒙古、甘肃、广西、云南、黑龙江等地通志）[M]. 台北：文海出版社，1965.

[29] 姚佐绶，周新民，岳小玉. 中国近代史文献必备书目[M]. 北京：中华书局出版社，1996.

[30] 宜昌市夷陵地区政协文史资料委员会编. 夷陵风云人物[M]. 内部发行，2004.

[31] 四川省地方志编纂委员会编. 四川省人物志[M]. 成都：四川人民出版社，2001.

[32] 汪林茂. 浙江辛亥革命史料集[M]. 杭州：浙江古籍出版社，2013.

[33] 苏克勤，陈泓校注. 南洋劝业会报告[M]；苏克勤校注. 南洋劝业会文汇[M]；苏克勤，余洁宇编著. 南洋劝业会图说[M]；苏克勤编著. 南洋劝业会杂咏[M]. 上海：上海交通大学出版社，2010.

[34] 任一民. 四川近现代人物传[M]. 成都：四川大学出版社，1987.

[35] 中国社会科学院近代史研究所，中华民国史研究室编. 中华民国史资料丛稿[M]. 北京：中华书局，1979.

[36] 中国人民政治协商会议全国委员会文史和学习委员会编. 文史资料选辑[M]. 北京：中国文史出版社，2011.

四、论著：

[1] 毛泽东. 毛泽东选集[M]. 哈尔滨：东北书店，1948.

[2] 陈旭麓. 辛亥革命[M]. 上海：上海人民出版社，1955.

[3] 吴玉章. 辛亥革命[M]. 北京：人民出版社，1961.

[4] 章开沅，林增平主编. 辛亥革命史[M]. 北京：人民出版社，1980.

[5] 章开沅. 辛亥革命与近代社会[M]. 天津：天津人民出版社，1985.

[6] 金冲及，胡绳武. 辛亥革命史稿[M]. 上海：上海人民出版社，1985.

[7] 章开沅，林增平. 辛亥革命运动史稿[M]. 北京：中国人民大学出版社，1988.

[8] 章开沅，马敏，朱英. 中国近代史上的官绅商学[M]. 武汉：湖北人民出版社，2000.

[9] 马敏. 马敏自选集[M]. 武汉：华中理工大学出版社，1999.

[10] 王笛. 跨出封闭的世界——长江上游区域社会研究（1644-1911）[M]. 北京：中华书局，2001.

[11] 朱英. 辛亥革命时期的新式商人社团研究[M]. 中国人民大学出版社，1991.

[12] 朱英. 晚清经济政策与改革措施[M]. 武汉：华中师大出版社，1996.

[13] 朱英. 近代中国商人与社会[M]. 武汉：湖北教育出版社，2002.

[14] 朱英. 辛亥革命与近代中国社会变迁[M]. 武汉：华中师范大学出版社，2001.

[15] 罗福惠. 辛亥革命时期的精英文化研究[M]. 上海：华东师范大学出版社，2001.

[16] 阎广芬. 经商与办学——近代商人研究[M]. 石家庄：河北教育出版社，2001.

[17] 余英时. 士与中国文化[M]. 上海：上海人民出版社，1987.

[18]（美）柯文. 林同奇译. 在中国发现历史——中国中心观在美国的兴起[M]. 北京：中华书局出版社，2002.

[19]（美）柯文. 雷颐，罗检秋译. 在传统与现代性之间——王韬与晚清改革[M]. 南京：江苏人民出版社，1992.

[20] 桑兵. 清末新知识界的社团与活动[M]. 北京：生活·读书·新知三联书店，1995.

[21] 刘正伟. 督抚与士绅——江苏教育近代化研究[M]. 石家庄：河北教育出版社，2001.

[22] 关晓红. 晚清学部研究[M]. 广州：广东教育出版社，2000.

[23] 张玉法. 中国现代化的区域研究——山东省（1860—1916）[M].

台北：中央研究院近代史研究所，1987.

[24] 李国祁. 中国现代化的区域研究——闽浙台（1860—1916）[M]. 台北：中央研究院近代史研究所，1985.

[25] 谢国兴. 中国现代化的区域研究——安徽省（1860—1937）[M]. 台北：中央研究院近代史研究所，1991.

[26] 苏云峰. 中国现代化的区域研究——湖北（1860—1916）[M]. 台北：中央研究院近代史研究所，1987.

[27] 王树槐. 中国现代化的区域研究——江苏（1860—1916）[M]. 台北：中央研究院近代史研究所，1984.

[28] 张朋园. 中国现代化的区域研究——湖南（1860—1916）[M]. 台北：中央研究院近代史研究所，1983.

[29]（美）陈锦江. 王笛,张箭译. 虞和平校. 清末现代企业与官商关系[M]. 北京：中国社会科学出版社，1997.

[30] 杨天宏. 口岸开放与社会变革——近代中国自开商埠研究[M]. 北京：中华书局，2002.

[31]（美）周锡瑞著. 改良与革命——辛亥革命在两湖[M]. 杨慎之译. 北京：中华书局，1982.

[32] 刘子扬. 清代地方官制考[M]. 北京：紫禁城出版社，1988.

[33] 张朋园. 立宪派与辛亥革命[M]. 台北：文海出版社，1969.

[34] 张德泽. 清代国家机关考略[M]. 北京：中国人民大学出版社，1981.

[35] 茅海建. 天朝的崩溃——鸦片战争再研究[M]. 北京：生活·读书·新知三联书店，2017.

[36] 杨立强. 清末民初资产阶级与社会变动[M]. 上海：上海人民出版社，2003.

[37] 陈梅龙，景消波译编. 近代浙江对外贸易及社会变迁[M]. 宁波：宁波出版社，2003.

[38] 刘孝存. 光绪三十一年[M]. 北京：中国文联出版社，2000.

[39]（美）费正清编. 剑桥中国晚清史[M]. 北京：中国社会科学出版

社，1985.

[40] 马敏. 官商之间——社会剧变中的近代绅商[M]. 天津：天津人民出版社，1995.

[41] 李曙光. 晚清职官法研究[M]. 北京：中国政法大学出版社，2000.

[42] 王奎. 清末商部研究[M]. 北京：人民出版社，2008.

[43] 关晓红. 从幕府到职官：清季外官制的转型与困扰[M]. 北京：生活·读书·新知三联书店，2014.

[44] 韩文彬. 话说劝业场[M]. 天津：百花文艺出版社，1994.

[45] 暨南大学历史系，暨南大学近代中国研究中心编. 共创历史：精英人物与近代中国”学术研讨会论文集[M]. 北京：中国社会科学出版社，2013.

[46] 中华书局编辑部编. 纪念辛亥革命70周年学术论文集[M]. 中华书局，1983.

[47] 中华书局编辑部编. 辛亥革命与近代中国——纪念辛亥革命80周年国际学术讨论会论文集[M]. 中华书局出版社，1994.

[48] 辛亥革命史研究会编. 辛亥革命史论文选[M]. 北京：生活·读书·新知三联书店出版社，1981.

[49] 四川省政协文史委员会、四川省历史学会编：《辛亥革命与中国现代化——四川省与成都市纪念辛亥革命暨保路运动九十周年论文集[M]. 四川教育出版社，2002.

[50] 吴承明. 中国资本主义与国内市场[M]. 北京：中国社会科学出版社，1985.

[51] 王家俭. 清史研究论薮[M]. 台北：文史哲出版社，1995.

[52] 戈公振. 中国报学史[M]. 北京：中国新闻出版社，1985.

[53] 白撞雨. 翕居读书录[M]. 北京：石油工业出版社，2009.

[54] 余英时. 中国近世宗教伦理与商人精神[M]. 合肥：安徽教育出版社，2001.

[55] 杜恂诚. 民族资本主义与旧中国政府（1840—1937）[M]. 上海：上海社会科学院出版社，1991.

[56] 吴承明. 中国资本主义与国内市场中国[M]. 北京：社会科学出版社，1985.

[57] 刘健. 博览劝业——世博会与近代中国博览会[M]. 上海：上海教育出版社，2010.

[58] 周善培. 辛亥四川争路亲历记[M]. 重庆：重庆人民出版社，1957.

[59] 王笛. 街头文化——成都公共空间、下层民众与地方政治（1870—1930）[M]. 李德英，谢继华，邓丽译. 北京：中国人民大学出版社，2006.

[60] Kristin Stapleton. Civilizing Chengdu: Chinese Urban Reform（1895—1937）[M]. Harvard University Press，2000.

五、论文

[1] 朱英. 论晚清的商务局、农工商局[J]. 历史研究，2001（5）：73-91.

[2] 杨天宏. 清季首批自开商埠考[J]. 历史研究，1998（2）：149-154.

[3] 王笛. 晚清长江上游地区公共领域的发展[J]. 历史研究，1996（1）：5-16.

[4] 王雪梅. 清末四川的劝业活动[J]. 四川师范大学学报（社会科学版），1996（1）：119-125.

[5] 张东刚. 论晚清工商管理机构的改革和管理方式的近代化[J]. 烟台大学学报（哲学社会科学版），1996（3）70-75.

[6] 虞和平. 张謇与民国初年的经济体制改革[J]. 社会科学家，2001（2）：10-18.

[7] 冯筱才. 中国商会史研究之回顾与反思[J]. 历史研究，2001（5）：148-167.

[8] 朱安东. 关于清代的道和道员[J]. 近代史研究，1982（4）：178-210.

[9] 杨天宏. 清末新政时期自开商埠的设置[J]. 四川师范大学学报（社会科学版），2002（6）：109-116.

[10] 王笛. 试论清末商会的设立与官商关系[J]. 史学月刊，1987（4）：39-44.

[11] 陈安丽. 清末新政时期的实业政策与措施[J]. 内蒙古师大学报（哲学社会科学版），1999（5）：96-102.

[12] 虞和平. 近代商会的法人社团性质[J]. 历史研究，1990（5）：39-51.

[13] 彭南生. 晚清无业游民与政府救助行为[J]. 史学月刊，2000（4）：48-55.

[14] 吴春梅. 清末新政时期的农业改革[J]. 中国农史，1999（3）：43-47

[15] 吴祖鲲，富萍. 东北近代农业发展的经验与教训[J]. 长白学刊，1998（3）：61-65.

[16] 马敏. 清末第一次南洋劝业会述评[J]. 中国社会经济史研究，1985（4）：73-78.

[17] 郑起东. 清末“振兴工商”研究[J]. 近代史研究，1988（3）：30-48.

[18] 张海林. 论本世纪初中国商人的社会地位[J]. 江海学刊，1996（4）：125-131.

[19] 贺跃夫. 晚清士绅与中国的近代化[J]. 中山大学学报（社科版），1993（3）：75-82.

[20] 陈向阳. 晚清三次变革与中国现代化的产生[J]. 社会科学研究，1996（1）：92-97.

[21] 徐柳凡. 清末民初自开商埠探析[J]. 南开学报（哲社版），1996（5）：19-24.

[22] 康复. 清末甘肃劝业道述评[J]. 兰州学刊，1985（3）：87-92.

[23] 朱锴：晚清中央机构改革研究评述（1901—1911）[J]. 首都师范大学学报（社会科学版），2003（S1）：129-137.

[24] 关晓红. 从幕府到职官：清季外官制改革中的幕职分科治事[J]. 历

史研究，2006（5）：88-103.

[25] 关晓红. 种瓜得豆：清季外官改制的舆论及方案选择[J]. 近代史研究，2007（6）：21-40、160.

[26] 李玉伟. 略论清末绥远地区的蒙垦[J]. 内蒙古社会科学（汉文版），2001（3）：47-50.

[27] 王鸿志. 由“司”至“道”：清季劝业道之议设[J]. 学术研究，2010（11）：117-126.

[28] 关晓红. 晚清局所与清末政体变革[J]. 近代史研究，2011（5）：4-22、160.

[29] 关晓红. 清季外官改制的试办与成效[J]. 史学月刊，2011（11）：48-62.

[30] 王鸿志. 变差为缺与裁旧立新：清季直省实业、交通行政制度嬗递考察——以添置劝业道为中心[J]. 学术研究，2013（9）：116-125.

[31] 汪谦干. 论安徽寿县孙家鼐家族对中国近代经济发展的贡献[J]. 民国档案，2004（2）：106-113.

[32] 张徐乐. 清末新政对中国近代工业发展的影响[J]. 南都学坛，1999（5）：13-15.

[33] 王先明，史春风. 绅士在收回利权运动中的作用[J]. 山西大学学报（哲学社会科学版），1994（4）：20-27.

[34] 敖天颖. 清季劝业道、劝业员研究综述[J]. 内江师范学院学报，2007（3）：40-42.

[35] 关晓红. 清季外官改制的“地方”困扰[J]. 近代史研究，2010（5）：4-30.

[36] 王铁藩. 福建官银局评介[J]. 福建论坛（文史哲版），1993（6）：61-67、75.

[37] 黄中行，蔡小军. 甘肃官银钱局及其钞票[J]. 中国钱币，1998（3）：55.

[38] 孙豪. 近代豫泉官银钱局探微[J]. 郑州航空工业管理学院学报（社

会科学版），2014（3）：39-41.

[39] 王鸿志. 兴利与牧民：清季劝业道的建制与运作[D]. 广州：中山大学，2009.

[40] 丁健. 民初农商部研究（1912李德英，谢继华，邓丽译. 1916）[D]. 西安：陕西师范大学，2011.